اوراقِ زریں

(غزلیات)

اثر سعید

© Asar Sayeed

Auraaq-e-Zareen *(Ghazals)*

by: Asar Sayeed

Edition: February '2025

Publisher :

Taemeer Publications LLC (Michigan, USA / Hyderabad, India)

ISBN 978-93-6908-068-7

مصنف یا ناشر کی پیشگی اجازت کے بغیر اس کتاب کا کوئی بھی حصہ کسی بھی شکل میں بشمول ویب سائٹ پر اَپ لوڈنگ کے لیے استعمال نہ کیا جائے۔ نیز اس کتاب پر کسی بھی قسم کے تنازع کو نمٹانے کا اختیار صرف حیدرآباد (تلنگانہ) کی عدلیہ کو ہو گا۔

© اثر سعید

کتاب	:	**اوراقِ زریں** (غزلیں)
مصنف	:	**اثر سعید**
صنف	:	شاعری
ناشر	:	تعمیر پبلی کیشنز (حیدرآباد، انڈیا)
سالِ اشاعت	:	۲۰۲۵ء
صفحات	:	۱۲۴
سرورق ڈیزائن	:	تعمیر ویب ڈیزائن

کچھ باتیں

بقول نیاز فتح پوری.........

" تمام اصنافِ سخن میں غزل کی شاعری سب سے آسان ہے۔
اور غزل ہی کی شاعری سب سے زیادہ مشکل بھی اور جو غزل پر حاوی
ہوگیا وہ ہر صنفِ سخن پر حاوی ہو سکتا ہے ـــــــــ"

اللہ تعالیٰ کا احسان ہے کہ اُس نے مجھے شاعری میں غزل ہی کی طرف توجہ دینے کی توفیق بخشی۔

عبد الغنی کا کہنا ہے.........

" اعلیٰ صفات انسان ہی شعر، نغمہ یا تصویر کے تخلیق کار ہوتے ہیں۔
اور فن ہی انسان کی عظمت کی معراج ہے ـــــــــ"

بہرحال ـــــــــ،

تجربہ کی وسعت، مشاہدہ کی گہرائی اور تخلیقی جذبہ کی فراوانی ہی فن کہہ لائے گی، میں نے پوری کوشش کی ہے کہ اپنی شاعری میں تمام تر شعوری آگہی سے فن کو سیراب کرسکوں، میری شاعری ایک آئینہ بنے صاف و شفاف آئینہ جس میں قاری اپنی تصویر دیکھ سکے اور ـــــــــ فن کار کی پہچان آسان بنے۔

میں قاری ہی تھا، قاری ہی ہوں اور قاری ہی رہوں گا، قدرت نے فن سے نوازا تو فنکار کہہ لائے جانے لگا۔

قاری سے فن کار تک ـــــــ کا کٹھن راستہ قاری چھلانگیں لگا کر

نہ سہی قدم قدم چل کر اگر طے کرنے میں کامیاب ہوگیا تو ______ شاعر کی شخصیت، خدوخال، احساسات کی نزاکت، لطیف خیالات کی پاکیزگی کو، اس کے نازک رشتوں کو محسوس کر سکے گا، خوابوں کی فکری وسعتوں کو اپنی آنکھوں سے دیکھتا ہوا محسوس کر سکے گا۔ اپنے خیالات کے مندر میں دیوتا کا روپ دے کر اُس کی پرستش کر سکے گا، شاعر کی اصلی زندگی اور اس کا فن ایک ہوتے ہوئے بھی دو الگ حقیقتیں ہیں، اس لیے قاری کو پہلے فن کا مطالعہ کرنا چاہیئے بعد میں اُس کی زندگی کی حقیقتوں تک رسائی حاصل کرنے میں آسانی ہوسکے گی۔ اگر فن کار کی زندگی کی حقیقتوں کو پہلے کوئی جان لے تو اس کے فن کی سچائیوں کو ماننے میں کبھی کبھی ہچکچاہٹ محسوس ہو سکتی ہے، کیونکہ اکثر فن کار کی زندگی اس کے فنی خیالات سے الگ ہی ملتی ہے، اسی لیے نقاد فن کار کے فن پر تنقید کرتے کرتے کبھی کبھی اُس کی شخصیت پر بھی کاری ضرب لگا جاتا ہے، مگر فطری فن کار بقول احمد صدیقی ان باتوں کو خاطر میں نہیں لاتا۔

رشید احمد صدیقی............

" فطری شاعر، ادیب اور آرٹسٹ نہ زمانے کے پابند ہوتے ہیں،
اور نہ زندگی اور نقاد کے، بلکہ زمانہ زندگی اور نقاد، شاعر ادیب
اور آرٹسٹ کے محتاج ہوتے ہیں ______"

میں کرناٹک اردو اکادمی بنگلور کے چیرمین ڈاکٹر عبد الغفار شکیل صاحب اور رجسٹرار حمید اے صفی صاحب کا بے حد ممنون ہوں کہ آپ نے میرے کلام کو پسند فرمایا، ضیا کرناٹکی، شرف الدین سید اور باقی اکادمی کے اراکین کا بھی بے حد مشکور ہوں کہ آپ نے میری کوششوں کو سراہا اور میرے کلام کو منظرِ عام پر لانے میں تعاون فرمایا۔

میرے استادِ محترم قبلہ و کعبہ جناب عبدالرحمٰن خان گوہر ترکیردی کا بھی ہیں صمیمِ قلب سے ممنون ہوں کہ آپ نے سن ۱۹۷۱ء سے لے کر آج تک میرے کلام پر برابر اصلاح دیتے آرہے ہیں۔

آخری ہیں میرے محسن جناب سید منور حسین آرٹسٹ کا بے حد شکرگذار ہوں کہ آپ نے سرِ ورق سے لے کر آخری ورق تک کتاب کی تزئین و دیدہ زیبی کا خیال رکھا، طباعت کی ساری ذمہ داریاں اپنے سر لیں، اور بہترین انداز میں "اوراقِ زریں" کو میرے ہاتھوں تھما دیا۔

اپنے بارے میں بس اتنا کہنا ہے کہ زندگی پہلی سانس سے لے کر دواں سانس تک ایک کربِ مسلسل، ایک درد، ایک عذابِ جاں ہی رہی، اگر راحتِ جاں بن جائے تو لکھ سکوں گا کہ زندگی مجھ کو بھی نصیب ہوئی تھی ویسے میرا مختصر سا تعارف میرے افسانوں کے مجموعہ "مسافتِ ہجراں" میں چھپ چکا ہے۔

فہرست

مطلع کا صرف پہلا مصرعہ درج ہے

حمدِ باری تعالیٰ	قابلِ حمد و ثنا تو ہے فقط
نعتِ رسول	ازل کے راز داں تم ہو ہمارے رہنما تم ہو
غزل	آگ اُگلتے ہوئے دریا سے گذرنا ہے مجھے
"	اس نئے دور کی جدید غزل
"	مرا یہ ملک مقدس کتاب جیسا ہے
"	ہم منصب و اعزاز کے طالب بھی نہیں تھے
"	مجھی سے ہے غافل مرا چارہ گر بھی
"	بیچ میں دیوار پہلے ایک اُٹھا
"	نہ لفظ کوئی بھی اپنے لیے کہا میں نے
"	بدن سے بہتی ہے دن بھر ندی پسینے کی
"	کیا اُگاؤں گا زمیں درد کی بنجر لے کر
"	لہلہاتا الوداع کہتا ہوا نرمل سا ہاتھ
	دعا کا ثمر میرے داور عطا کر
"	شبِ زفاف کا گھر بن تیرے اجالا ہے
"	عرش تیرا غلب میں ہے جب مرے

غزل	
"	میکدے سے ہو کے جو بھی آئے گا
	اشکِ غم کو مری پلکوں سے اتر جانے دے
"	ویران یک کھنڈر ہوں سجایا نہ کیجیے
"	جلاؤ سوچ کبھی آدابِ نو سکھائے گی
"	جام بر جام سر بزمِ لنڈھاتے جاؤں
"	مری چاہ کو چاند تاروں میں دیکھو
"	ٹمٹماتی ہیں فضائیں مہکتی راتوں کی
"	حق بات ہے حق بات سرِعام کہیں گے
"	ساتھ میرے وہ جب تک ٹھہرا
"	اپنی خواہش کا نہ پھیلا ہوا صحرا ہوتا
"	بچا کے اپنا جگر دستِ خار سے نکلوں
"	تری خوشی سے ملی مجھ کو تیرا غم بھی نہیں
"	تمام عمر ترا ساتھ ہو سفر کے لیے
"	میلی چادر ساتھ لیے
"	ڈھونڈتا رہتا ہوں جس کو کو بہ کو
"	آتشِ ہجر میں تن من جو جل گیا ہونا
"	یہ کس کی بخشی ہوئی اب سزا ہے میرے لیے
"	سکونِ قلب کا کچھ اہتمام کرنا تھا
"	لاش فٹ پاتھ پر تڑپتی ہے
"	تو اگر بے حجاب ہو جاتا
"	دلِ خاموش میں جذبہ کوئی لپکے یارو

غزل معلوم تھا فریب تھا وعدہ وفا نہ تھا

،، آپ کی گلیوں میں پھرتا آج بھی دیوانہ ہے

،، مجھ سے مانوس تھا وہ آج خفا لگتا ہے

،، تیری باتوں میں آگئی دنیا

،، ہاں ہنر درکار ہے کچھ داد پانے کے لیے

،، یہ خوش فہمی تھی بس اپنی، یہاں سب میرے اپنے ہیں

،، غلط ہے ڈر کے غریبی سے زہر کھالے گا

،، آپس میں دلوں کو تو اس طرح ملانا مت

،، چاہیے دوست کوئی داستاں دہرانے کو

،، شکوہ نہیں ہے کوئی ہمیں کائنات سے

،، ہم ان کی وفاؤں کو الزام کہاں دیں گے

،، محبوب میرا آیا ہے رنگین شام ہے

،، دل میں کسی کے پیار کے جذبے مچل گئے

،، مچلے ہیں میرے دل میں جو جذبات وفا کے

،، چونک اُٹھتا ہے یقین، لفظِ بہاراں پہ کبھی

،، مثالِ گہر دیں بن کر اُڑ ہوں اے ہمسر

،، تالے ہیں زبانوں پہ، خیالات پہ پہرے

،، جب سے حوادثات کے طوفاں میں گھر گئے

،، میں نے گلی میں تیری کہیں گھر بسالیا

،، عبارت اس میں ہر اک بے نقاب میری ہے

،، آگئی شام شاعری ہوگی

غزل — سُرخ جوڑے میں تجھے ایک نظر دیکھ تو لوں

،، بچے خرید سکتے نہیں یہ غریب کے

،، وہ ایک پل جو گذارا ہے پاسداری میں

،، کسی کو زخمِ نہاں دل کے کیوں دکھاتا ہے

،، غم ہے کہ غمِ دل کا مداوا نہیں ملتا

،، بات کو ایسے موڑ دینا تم

،، اک نظر ہم پہ کر گئے ہوتے

،، باوفا باوقار ہے لوگو

،، خوشی ملی تو غمِ دل نے یہ کیا اصرار

،، فن کی تلاش ہے جیسے وہ جنگلوں میں ہے

،، پنڈت کی نہ پوچھ اسے نہ مُلّا کے بیانوں سے

،، آئینے میں وہ عکس پایا ہے

،، رات بھر جاگا کروں گا پھر کوئی چارہ نہیں

،، سلوک میں نے کیا عاجزی کا سب کے ساتھ

،، کوئی تدبیر بھی رونے کی نکالی جائے

،، سوکھے تمام زخم لگیں گرنے کھپلیاں

،، آیا ہے شہر میں کوئی طوفاں لیے ہوئے

،، جو گیت تھا سازِ دل میں نہاں وہ گیت سنانے آیا ہے

،، راحتِ جاں مرا سفر ہوگا

،، بابِ دل جب بھی وا ہوا اپنا

،، میں کھلونا نہیں مجھ سے کھیلو نہ تم

غـــزل تمہاری بے رخی نے موڑ دی ہے زندگی اپنی
" گزر رہا ہوں میں یارب یہ کیسی منزل سے
" کاش وہ شوخ مری باہوں میں چھپکے یارو
" محبت ہم نے کی دل میں رہا اس کے مگر کینا
" شعر کہہ کر مستین کر لیتے
" غموں سے جس نے خوشی کو بدل دیا ہوگا
" اک اس کی یاد کا نشہ بہک گیا ورنہ
" تمہارے گیسوؤں کو جب سنور جانا نہیں آتا
" اخلاق کی شمعوں سے شوالوں کو سجا دے
" منظور اگر ہو تو چلے آؤ مکاں سے
" حیات پاس مرے گھر کے آنے ڈرتی ہے
" مری چاہ کو چاند تاروں میں دیکھو
" غور کرتا ہوں اگر شرحِ بہاراں پہ کبھی
" تیری صورت جہاں دکھائی دے
" جو الفت میں مژگاں پہ آنسو لیے ہیں
" روشن ہے جس کے عشق سے ہر رُخ حیات کا
" مچلے ہیں مرے دل میں جو جذبات وفا کے
" تمہاری آنکھوں میں مستی نہیں خمار نہیں
" کسی انجان بستی میں تمہارے پاؤں جائیں گے
" خطرے میں آدمی ہے حفاظت لہولہو

دوہے :- دو نینوں نے باندھی مجھ کو بربت کی کچی ڈور

نظم :- اے انسان: تو ہے اشرفؔ تو ہی ہے نائب تو ہی تھا مالک اگر جہان کا

حمدِ باریِ تعالیٰ

قابلِ حمد و ثنا تو ہے فقط
دونوں عالم کا خدا تو ہے فقط

گلستاں ہو یا ہو وہ صحرا کوئی
حاکمِ بادِ صبا تو ہے فقط

سارے عالم کے اجالوں کا امیں
ماہ و انجم کی ضیا تو ہے فقط

کوہ و صحرا تیری عظمت کے نشاں
غنچہ و گل کی ادا تو ہے فقط

نیک بندوں کا بھی ہے داتا تو ہی
عاصیوں کا بھی خدا تو ہے فقط

زیرِ سایہ ہیں ترے شاہ و گدا
مالکِ ارض و سما تو ہے فقط

دم اثرؔ مارے وہاں ممکن نہیں
عالمِ ہوُ کی صدا تو ہے فقط

نعتِ رسولﷺ

ازل کے راز داں تم ہو ہمارے رہنما تم ہو
خدائی تم پہ شیدا ہے خدا کا آئینہ تم ہو

تمہارے ہی کرم کا آسرا ہے دونوں عالم پر
تمہاری دید سے زندہ ہیں' وہ جامِ بقا تم ہو

بدل کر صورتِ ظاہر نمایاں آپ ہیں جگ میں
کہیں پہ خضرِ منزل ہو کہیں پر مصطفےٰ تم ہو

تمہارے آستانے پر خدائی سر جھکاتی ہے
ظہورِ کن فکاں تم ہو خودی کے آشنا تم ہو

دلِ بیمار کا تم ہی سہارا ہو مرے مولا
ضلالت کے اندھیروں میں ہدایت کی ضیا تم ہو

میرے مولا نگاہِ لطف ہو دنیا میں عقبیٰ میں
امامِ دین و دنیا شافعِ روزِ جزا تم ہو

اثرؔ آنکھیں ہماری نور رحمت سے منور ہیں
ہمارا ذکر کیا ہے مقتدائے انبیاء تم ہو

غزل

آگ اُگلتے ہوئے دریا سے گذرنا ہے مجھے
ڈوبنا آج سہی کل تو اُبھرنا ہے مجھے

تیری دنیا میں ابھی اور ٹھہرنا ہے مجھے
اک تماشا سا نیا اور بھی کرنا ہے مجھے

پھول ہوں میں میرے دامن میں بھری ہے خوشبو
ان ہواؤں میں ہر اک سمت بکھرنا ہے مجھے

میرے ہر گام پہ آتا ہے مقدر آڑے
پھاند کر ساری فصیلوں کو گذرنا ہے مجھے

جو نجاست میں ملوث ہیں اُٹھانے اُن کو
دیر کچھ دیر تو کیچڑ میں اُترنا ہے مجھے

تیری دنیا میں اثرؔ رہتے ہیں شیطاں کتنے
جن کے پہلو میں بھر سانس ٹھہرنا ہے مجھے

غزل

اس نئے دور کی جدید غزل
چاندنی رات میں ہے شیش محل

حسیت کو جگا کے دیکھ، سبھی
ہر موقف سے ہٹ کے رستہ پہ چل

سوچ کیا وقت کا تقاضہ ہے
ہر روایت کو عصریت میں بدل

کی نوازش جو آگہی بخشی،
تجھ سے فن کا ملا ہے میٹھا پھل

فکر اک عمر کی ہے بے معنیٰ
کچھ بھی کرنے کو بس ہیں دو اک پل

فکرِ تازہ کو دیکھ کر میری
نکتہ داں کی جبیں پہ آئے بل

آج لکھنا اثرؔ تو بات نئی
مِثل ٹھہرائے جس کو دنیا کل

غزل

مرا یہ ملک مقدس کتاب جیسا ہے
ہر ایک فرد گلوں میں گلاب جیسا ہے

چراغ سب نے جلائے ہیں امن کے لیکن
اندھیرا وقت کا اک آفتاب جیسا ہے

ملیں نہ ہاتھ فقط دل سے دل بھی مل جائیں
یہ دیکھنے کو مجھے اضطراب جیسا ہے

عجیب خواب کا ہے انتظار آنکھوں کو
یہ انتظار بھی شاید کہ خواب جیسا ہے

شمار میں ہمیں رکھ بے شمار ہیں ہم بھی
ہمیں گلہ ہی کہاں ہے حساب جیسا ہے

بھروسہ اب تیرے وعدوں کا کیا کریں ساقی
ترا یہ جام و سبو تک سراب جیسا ہے

تو دے رہا ہے کہاں درسِ اتحاد اثرؔ
ترا خیال فقط انقلاب جیسا ہے

غزل

ہم منصب و اعزاز کے طالب بھی نہیں تھے
پر مجرمِ انکارِ مراتب بھی نہیں تھے

لکھ لیتے تیری چاہ بھی ہم کاغذِ دل پر
افسوس کہ تقدیر کے کاتب بھی نہیں تھے

ابلیس مزاجوں کو بھی برداشت کیا ہے
ہمراہ مرے چلنے کو راہب بھی نہیں تھے

یہ بات الگ تھا ترا معیار ہی اعلیٰ
ہم اہلِ امانت نہ تھے ناصب بھی نہیں تھے

ہم خونِ جگر دے کے ادا کرتے رہے ہیں
وہ قرض زمانے کے جو واجب بھی نہیں تھے

تھا کون سُخن فہم وہاں دیتا ہمیں داد
مومن نہ تھے سودا نہ تھے غالب بھی نہیں تھے

کچھ کہنا زباں ہی سے ضروری تھا اثر کب
ہم چپ بھی نہ تھے اور مخاطب بھی نہیں تھے

غزل

مجھی سے ہے غافل مرا چارہ گر بھی
مرے غم کی اس کو نہیں کچھ خبر بھی

یہ محفل ہے اُس کی رہے پاس اُس کا
جہاں لاکھ ہو جائے خونِ جگر بھی

یہ کیسی عطا کی ہوئی زندگی ہے
سکوں سے گھڑی کوئی ہوتی بسر بھی

ترا غم سہارا مری زندگی کا
خوشی وہ کہاں ہے جو ہو معتبر بھی

یہ جنگل بیاباں یہ صحرا یہ سب کچھ
نہیں مختلف اُس سے میرا یہ گھر بھی

مری سمت پھینکے کئی سنگ اُس نے
ہوا کیا کہ آیا نہ اک میرے سر بھی

سب اہلِ قلم ہیں سب اہلِ نظر ہیں
اثرؔ ذی اثر ہے تمہارا نگر بھی

غزل

بیچ میں دیوار پہلے اک اٹھا
قومی یک جہتی کا پھر نعرہ لگا

دوست ہے تو آ گلے لگ جا مرے
یا تو زیرِ آستیں خنجر دکھا

ہم کہ مرگا تے خواب یارب کب تلک
ان کی تعبیروں سے بھی پردہ اٹھا

کیوں سا رہیں محروم ساحل کشتیاں
آندھیوں کی گود میں دریا دکھا

جان لوں میں پوشیدہ اسرار کو
تو ہے کیا دراصل مجھ کو یہ بتا

جانے اس نے کیا دکھایا آنکھ میں
جھوٹ نکلا آج تک جو بھی پڑھا

مردِ حق کے اک اشارے کا اثرؔ
فیض ہے اس کا ہی جو اب تک لکھا

غزل

نہ لفظ کوئی بھی اپنے لیے کہا میں نے
لکھا ہے جو بھی تری ذات پر لکھا میں نے

مخالفت ہے ہواؤں کو آج بھی مجھ سے
دِیا نہ بجھنے تری یاد کا دِیا میں نے

تمہاری یاد کے گہرے سمندروں میں رہا
نہ پایا ایک بھی لیکن دُرِّ وفا میں نے

زمانا کر گیا تعمیر ہر قدم پہ محل
نہ جھونپڑے کا بھی کوئی جتن کیا میں نے

کہا جو اس نے بھلا جھونپڑے کی کیا وقعت
محل سے زریں ہے بڑھ کر یہی کہا میں نے

جس حادثے نے کیا تار تار دامن کو
اُسی کو زندگی کا نام دے لیا میں نے

جو بوند بوند ٹپکتا رہا ہے آنکھوں سے
ہوا سمندر، انہیں ایک جا کیا میں نے

غزل

بدن سے بہتی ہے دن بھر ندی پسینے کی
یہی ادا ہے جفا کش تنوں کے جینے کی

گلاب چمپا چمبیلی لبھا نہیں پائے
لبھاتی ہے مجھے خوشبو ترے پسینے کی

بچھڑ کے تجھ سے میں جی پاتا کس طرح آخر
سبیل کوچے میں تیرے نکالی جینے کی

انہیں خبر نہیں ان کو ستم ہی کرنے دو
اثر دکھائے گی ایک دن جلن یہ سینے کی

یہ قیس نے نہیں جانا کہ کیا محبت ہے
پڑی نہ خو اُسے دامن کے چاک سینے کی

اثر تو پی کے ان آنکھوں کی ہو گئے مدہوش
انہیں سے پوچھئے جرأت شراب پینے کی

غزل

کیا اُگاؤں گا زمیں درد کی بنجر لے کر
میں بھلا جاؤں کہاں ایسا مقدر لے کر

کتنا نادان ہے انسان زمانے بھر میں
پوجتا رہتا ہے بھگوان کو پتھر لے کر

چاک کرتی ہے اُجالوں کے مقدر کو سدا
تیرہ بختی ہے مری ہاتھ میں خنجر لے کر

کون نکلا ہے یہ سانسوں کی تحفظ کے لیے
دل میں طغیانی و آنکھوں میں سمندر لے کر

جانے کیوں ایسے گذرتے ہیں شب و روز یہاں
کسی ویرانے کے سناٹوں کا منظر لے کر

اب خیالوں کی نزاکت سے تجھے بیر نہ ہو
کیسے بہلاؤں تجھے لفظوں کا دفتر لے کر

خضر بھی رشک کرے میرے مقدر پہ اثرؔ
ایسا آجا تا کوئی بختِ سکندر لے کر

غزل

لہلہاتا الوداع کہتا ہوا نرمل سا ہاتھ
بس گیا آنکھوں میں میری اک حسیں ململ سا ہاتھ

کیوں تمہارے رخ پہ بھی قوسِ قزح سی چھا گئی
چھو گیا تم کو بھی یارو کیا کوئی چنچل سا ہاتھ

ٹاٹ کا ملبوس ہے تن پر ہمارے آج بھی
زیب دے گا ہم کو یارو کیا کبھی مخمل سا ہاتھ

سونا چاندی ہیرے موتی کے بدن تکتے رہے
ہاتھ میں آیا ہمارے کیا کریں پیتل سا ہاتھ

دھوپ کے بعد آئے چھاؤں یہ تصور جھوٹ تھا
خواب میں بھی راس آیا نہ کبھی شیتل سا ہاتھ

گردشیں لاکھوں ہمارے عزم کو لرزائیں گی
ہے سہارا یاد کا ہم کو کوئی نربل سا ہاتھ

ڈوبتی ہی جا رہی ہے دلدلوں میں زندگی
ہے مقدر میں کہاں تیرے اثرؔ کومل سا ہاتھ

غزل

دعا کا ثمر میرے داور عطا کر
محبت کا جو ہر عطا کر عطا کر

تھکی ہاری سانسوں کو بستر عطا کر
سلگتے لبوں کو سمندر عطا کر

خموشی رگوں میں گھلی جا رہی ہے
خموشی کو لفظوں کے خنجر عطا کر

تری بے کراں وسعتوں میں خدایا
مری فکر کو بال اور پَر عطا کر

ہے صحرا مری روح میں میرے دل میں
تو میرے لیے اب سمندر عطا کر

بھنور روشنی کے شگافوں میں اتریں
نئی روشنی کے پیمبر عطا کر

اتر جاؤں تہہ تک سمندر میں یارب
مری کوششوں کو تو گوہر عطا کر

غزل

شبِ زفاف کا گھر میں تیرے اجالا ہے
مگر مکاں میں مرے ہجر کا اندھیرا ہے
کوئی تو ہوگا ہی شب باش تیرے پہلو میں
سیاہ رات ہے تنہا مرا سویرا ہے
یہ کون دیتا ہے شب خیر کی دعا مجھ کو
میرے یہاں شبِ دیجور کا بسیرا ہے
پہن کے رات میں آتا ہے کون شب خوابی
یہ کون جانے مری نیند کا لٹیرا ہے
تمام سو گئے روشن چراغ گُل ہو کے
کوئی یہاں سے شبِ تار میں سدھارا ہے
یہ کون کرتا ہے شب خون مجھ پہ ہر لمحہ
فضا میں خون یہ کس نے مرا اچھالا ہے
تو جھونک اپنی جوانی کو آگ میں غم کی
اثر عیات فنِ سر خوشی کا ڈیرا ہے

غزل

عرش تیرا قلب میں ہے جب مرے
پھر کہاں ڈھونڈوں تجھے اے رب مرے

آسماں در آسماں سائر ہے تُو
حوصلہ اندر ہے اتنا کب مرے

تجھ کو ہے میرا پتا میری خبر
پاس آجا چپ کے سے ہر شب مرے

کیا کہوں کیا نہ کہوں عاصی ہوں میں
تھر تھراتے ہیں دعائیں لب مرے

بادلوں میں ڈھونڈتے تھے لوگ سب
چاند غرفے میں تھا جب اِک شب مرے

تھی ضرورت روشنی کی شہر کو
آگ پکڑی سارے گھر کو جب مرے

رہِ اثر تکتے گذاری زندگی
بخت میں لکھا یہی تھا جب مرے

غزل

میکدے سے ہو کے جو بھی آئے گا
کچھ تاثر اپنے رُخ پہ لائے گا

جو یقیناً پھول ہے مرجھائے گا
ہو جو سورج کیا ہوا ڈھل جائے گا

دل کو تنہا آج رہنے دو مرے
ساتھ اگر تم ہو تو یہ گھبرائے گا

شام سے ہی سارے دیپک جل گئے
حسن کس کا گھر مرا چمکائے گا

بت کدہ ہو یا کہ ہو بیتِ حرم
تم نہ ہو تو دل یہاں کیا آئے گا

ہے مسافت اور کتنی کیا پتا؟
کون منزل تک اثرؔ پہنچائے گا

غزل

اشکِ غم کو مری پلکوں سے اتر جانے دے
ہیں یہ موتی انہیں آنچل پہ بکھر جانے دے

پیکرِ غم ہوں مصائب سے گذر جانے دے
یونہی بے موت ہی یا تو مجھے مر جانے دے

گر ذرا سی بھی ہو کم مئے تو بہک جاؤں گا
ساقیا آج مرے جام کو بھر جانے دے

مفتیٔ دیں مجھے کہتے ہیں تو کہہ لیں کافر
سجدۂ عشق درِ یار پہ کر جانے دے

شام ہوتے ہی چلے آئیں گے میخانے کو
دل کے ہنگاموں کو اے دوست گذر جانے دے

موجِ دریا میں ہو تسکین غموں کو شاید
کشتیٔ دل کو ذرا تہہ میں اتر جانے دے

پیار، اخلاص، وفا اور تحمل سب کچھ
ہیں یہ بے کار کی باتیں اے اثرؔ جانے دے

غزل

ویران یک کھنڈر ہوں سجایا نہ کیجئے
بربادیوں سے مجھ کو بچایا نہ کیجئے

جل جل کے راکھ ہو کے بکھرنا ہے عمر بھر
جلنے دو مجھ کو آ کے بجھایا نہ کیجئے

میں گُل نہیں ہوں خارِ گلستاں ہوں دوستو
آنگن میں اپنے گھر کے اگایا نہ کیجئے

آؤں تو ایک فتنہ بپا کر کے دکھ نہ دوں
دہلیز پر بھی اپنی بُلایا نہ کیجئے

کیا واسطہ تمہیں میری حالت سے دوستو
میرا کبھی بھی ذکر اٹھایا نہ کیجئے

ہو دوستی کی ان کو ضرورت اثر سعید
تم اپنا شہر چھوڑ کے جایا نہ کیجئے

غزل

جلاؤ سوچ کبھی آدابِ نو سکھائے گی
مہکتی خوشبو کوئی یاد تو دلائے گی

پھر بھیگی ریت پر اک نام جو لکھائے گی
اداس انگلی کوئی داستاں سنائے گی

یہ سوکھے زخموں کی سوزش بہت ستائے گی
ہتھیلیوں کی حنا یاد کچھ دلائے گی

پگھلتے وقت کو سانچوں میں ڈھال لو ورنہ
سرکتے لمحوں کی تصویر بن نہ پائے گی

پگھلتی شمع کی لَو پھونک دیجئے ورنہ
بہت ستائے گی اب کے جو یاد آئے گی

فقط دھواں ہی سمجھتے تھے اتنا ہوش نہ تھا
یہ دھیمی آنچ بھی جنگل کو یوں جلائے گی

اثرؔ سعید نہ سینکو بڑھا کے آگ اتنی
کبھی ہوا بھی تو سازش کوئی چلائے گی

غزل

جام پر جام سرِ بزم لنڈھاتے جاؤں
غم کا احساس ہر اک دل سے مٹاتے جاؤں

تیرے گاؤں کی ہر اک بات نرالی ہی سہی
تو سنے یا نہ سنے گیت سناتے جاؤں

شہرِ پتھر کا یہاں پھول کی چاہت کیسی
مجھ پہ پھینکے گئے پتھر ہی اٹھاتے جاؤں

جب ترے شہر کا دستور ہے گونگا رہنا
جرم کیا ہے کہ میں زنجیر ہلاتے جاؤں

در و دیوار سے نفرت کا دھواں اُٹھتا ہے
کیوں نہ پاگل کی طرح گھر کو جلاتے جاؤں

وہ تو دیوانہ تھا پتھر کو خدا کہہ بیٹھا
میں تو ہر گام اناالحق ہی سناتے جاؤں

سانس دو بھر ہے کہیں رات نہ ہو جائے اثرؔ
رُک! ہتھیلی پہ کوئی شمع جلاتے جاؤں

غزل

مری چاہ کو چاند تاروں میں دیکھو
ذرا ان سلگتے نظاروں میں دیکھو

مرے جذبۂ عشق سے ہیں بہاریں
میرا خونِ دل لالہ زاروں میں دیکھو

وہ کرتے ہیں یوں فیصلہ زندگی کا
نظر کو اُٹھا کر اِشاروں میں دیکھو

مرے فکر وفن کو جِلا جس نے بخشی
وہ بیٹھا ہے کچھ راز داروں میں دیکھو

چلے کارواں جن کی ہی جستجو میں
وہ ہیں نقشِ پارہ گذاروں میں دیکھو

اُٹھے کس قدر ہم پہ طوفانِ غم بھی
اُنہیں کچھ مرے غم کے ماروں میں دیکھو

مرے عشق کا ہی اثرؔ ہے یہ شاید
اُسے تم ذرا بے قراروں میں دیکھو

غزل

بکھر گئیں ہیں فضائیں مہکتی راتوں کی
وجود خوشبو کا کوئی کچل دیا ہوگا

میری امید کا سورج طلوع ہوا ہے کہاں
سمیٹ کر وہ اجالوں کو چل دیا ہوگا

ہمارے 'کل' پہ زمانہ ہنسا کیا برسوں
کسی کی نظروں نے کل کو بدل دیا ہوگا

ہر ایک پھول کی آنکھوں سے اشک جاری ہیں
کسی نے پاؤں سے کلیاں مسل دیا ہوگا

وہ سُرخ رو نظر آتا ہے آج محفل میں
وہ سَر کو اپنی اَنا کے کچل دیا ہوگا

نہ ڈھونڈ پاتی نشیمن مرا یہ برق کبھی
"چمن کا راز گلوں نے اُگل دیا ہوگا"

اثرؔ اداسیاں چھائی ہیں ان کی نظروں میں
کسی نے خونِ تمنا اُگل دیا ہوگا

غزل

حق بات ہے حق بات سرِ عام کہیں گے
ہم تیری ہر اک چال کو ناکام کہیں گے

میں کہہ کے انا الحق جو سزا کاٹ رہا ہوں
اس شہر میں آغاز کو بھی انجام کہیں گے

بہتر ہے یہی پھینک دوں ہاتھوں سے قلم کو
جو کچھ بھی لکھوں سر میرے الزام کہیں گے

احسان جتلانے کے لیے آج بھی یہ لوگ
حقدار کو حق دے کے بھی انعام کہیں گے

جو کچھ بھی محبت کے پسِ پردہ ہوا ہے
اے کاتبِ تقدیر ترے نام کہیں گے

جب ہٹ گیا سایا ہی مرے سر سے تمہارا
جلتے ہوئے سورج ہیں صبح شام کہیں گے

اندھوں کے اثر میں نہیں آئیں گے اثرؔ ہم
جو کچھ ہمیں کہنا ہے سرِ عام کہیں گے

غزل

ساتھ مرے وہ جب تک ٹھہرا
غم کا سایا تب تک ٹھہرا

وقتِ مصیبت ساتھ ہمارے
دوست کوئی بھی کب تک ٹھہرا

رسوائی کا خوف تھا شاید
نام کسی کا لب تک ٹھہرا

سورج میرے ارمانوں کا
ایک اندھیری شب تک ٹھہرا

جاڑوں کے لمحات جواں ہیں
سورج سر پر کب تک ٹھہرا

آہوں کا اتنا تو اثر ہے
جن کا سایا چھب تک ٹھہرا

غزل

اپنی خواہش کا نہ پھیلا ہوا صحرا ہوتا
گر مرے خواب کی دنیا میں اجالا ہوتا

میرا سایا بھی اگر میرا شناسا ہوتا
آپ کی بزم میں، میں یوں نہ اکیلا ہوتا

کیوں بھلا میری نگاہوں کا تقدس لٹتا
اک تری یاد کا پہلو میں دریچہ ہوتا

کُو بہ کُو ڈھونڈتے پھرنے کی ضرورت کیا تھی
اَن گنت چہروں میں تجھ سا کوئی چہرہ ہوتا

اک تری چاہ تھی جینے کا سہارا بن کر
ورنہ کب مجھ کو بھی احساسِ تمنا ہوتا

گردشیں وقت کی آنکھیں نہ ملاتیں ہرگز
اے اثرؔ جینے کا تجھ کو بھی سلیقہ ہوتا

غزل

بچا کے اپنا جگر دستِ خار سے نکلوں
فریب دے کے گلوں کو بہار سے نکلوں

حقیقتوں کو بھی رسوائیوں نے چاٹ لیا
خیال و خواب کے اجڑے دیار سے نکلوں

تری نظر نے خلوصِ وفا کو ناپا ہے
بجا ہے اب میں ترے اعتبار سے نکلوں

سماج بھی مجھے لگتا ہے اک جہنم سا
خدارا کیوں نہ غمِ روزگار سے نکلوں

تبسم آگئیں ہیں آنکھیں ادا نرالی ہے
تصورات کے کیسے حصار سے نکلوں

قدم قدم پہ ہیں دیر و حرم کے ہنگامے
دھرم کی قید سے چیخ و پکار سے نکلوں

اثرؔ فریبِ تفکر کا یہی تقاضہ ہے
کسی طرح سے میں اس کے خمار سے نکلوں

غزل

تری خوشی نہ ملی مجھ کو تیرا غم بھی نہیں
حیات کیا ہے مری اب قضا سے کم بھی نہیں

یہ کس مقام پہ ساقی نے لا کے چھوڑا ہے
نہیں ہے ساغرِ جم تو یہاں یہ سَم بھی نہیں

ہے میرے ظرف میں جتنا بھرا وہ پیمانہ
شراب اس میں ہے جو اس میں کوئی دَم بھی نہیں

اُتار لیتا ہیں سارے غموں کا اس سے نشہ
حریفِ غم کا ہوا یہ جامِ جم بھی نہیں

ہر ایک منصوبہ ناکام ہو گیا میرا
تری قسم ہے کہ ماروں یہاں ہیں دم بھی نہیں

جوان سال ہوں مجھ کو نہ شانِ پیری دے
سیاہ ریش ابھی ہوں کمر میں خم بھی نہیں

ترے الم نے کیا ہے اثرؔ کو پژمردہ
ملاؤں زیست سے آنکھیں اب اتنا دم بھی نہیں

غزل

تمام عمر تیرا ساتھ ہو سفر کے لیے
نہ ایک پل کے لیے ہو نہ سال بھر کے لیے

جو چل سکو تو میرے ساتھ تم بھی چل نکلو
مری حیات ہے بس وقف رہگزر کے لیے

یہ وصفِ عشق ہے جاری رہے گا قرنوں تک
بچھا ہوں راستہ بن کے میں ہم سفر کے لیے

تو زخمِ دل کا مداوا نہ اس سے بڑھ کر دے
بس اشکِ شوق ہیں مرہم مرے جگر کے لیے

تجھے بھلانا خطا خود کشی سے بڑھ کر ہے
تری ہے یاد بہت مجھ کو عمر بھر کے لیے

نصیب حسرتِ دیدار اب کہاں اے دل
کسی کا گوشۂ داماں ہو چشمِ تر کے لیے

میرے ہی منہ پہ کہو جو بھی تم کو کہنا ہے
شکایتیں نہ ہوں بے جا مرے ضرر کے لیے

غزل

میلی چادر ساتھ لیے
اپنی اَنا کی ذات لیے

کوچہ کوچہ پھرتا ہوں
تن کا لاشہ ساتھ لیے

اک درندہ جیت گیا
پھرتا ہوں میں مات لیے

ڈھونڈیں آؤ انساں کو
پاگل پن کو ساتھ لیے

اُن کا دامن دیکھ چکا
آنکھوں میں برسات لیے

ٹوٹ چکے وہ تاج محل
سوئے تھے ہم رات لیے

کس کا بھروسہ آج اثرؔ
یار کھڑا ہے گھات لیے

غزل

ڈھونڈتا رہتا ہوں جس کو کُو بہ کُو
کیوں نہیں آتا وہ میرے رُو برُو

ذرے ذرے میں ہے پنہاں تُو ہی تُو
جذبۂ دیدار ہوگا سُرخ رُو

جس قدر میرے عزائم ہیں بلند
ہیں مصائب بھی برابر دُو بدُو

زندگی کی تلخیاں مت پوچھئے
بہہ رہا ہے میری آنکھوں سے لہو

لوگ ہنستے ہیں مجھے پرواہ نہیں
کیوں مری حالت پہ خندہ زن ہے تُو

ہے تری تصویر ہر اک پھول میں
اور کلی کے رُخ پہ رنگت ہُو بہ ہُو

بے اثر ہے ہر دعا میری اثرؔ
بر کہاں آئی ہے میری آرزو

غزل

آتشِ ہجر میں تن من جو جل گیا ہوتا
غمِ حیات سے چھٹکارا مل گیا ہوتا

سنبھل سنبھل کے پکارے ہے کون راہوں سے
ترا خیال بھی آواز پر لگا ہوتا

تمہاری یاد کا سورج ڈھلنے آیا ہے
گھنی زلفوں کا مجھ کو بھی آسرا ہوتا

چمکتے جسم یہ چاندی کے پتھر دل کے دل
بہک نہ جاتا جو انجام کا پتا ہوتا

روش زمانے کی میں چھوڑ کے جو حق کہتا
میں اپنے دور کا منصور بن گیا ہوتا

میرے تو سمت یہ پتھر نہ پھینکتا ناداں
اگرچہ تو بھی جو شیشہ کا بن گیا ہوتا

ذرا سا حوصلہ درکار تھا اثر مجھ کو
میں اپنی منزلِ مقصد سے بڑھ گیا ہوتا

غزل

یہ کس کی بخشش ہوئی اب سزا ہے میرے لیے
یہ زندگی بھی کوئی بدعا ہے میرے لیے

میں مستحق تو نہیں تھا تری دعاؤں کا
لبوں سے آخرش نکلی دعا ہے میرے لیے

تلاشِ یار میں در در کی خاک چھانی ہے
یہ امتحاں بھی یہاں پر ہوا ہے میرے لیے

سیاہ رات کے آنچل پہ اشک ٹپکے ہیں
کہ اپنا سایا ہی قاتل ہوا ہے میرے لیے

رہا نہ آج کوئی دشمنوں سے مجھ کو گِلہ
وہ کام اپنوں نے ایسا کیا ہے میرے لیے

سنہرے خواب اُجڑنے لگے ہیں لمحوں میں
سکون اتنا سا باقی رہا ہے میرے لیے

غرض پرستوں کے ماحول میں اثر یوں ہی
ہر ایک آدمی اک ناخدا ہے میرے لیے

غزل

سکونِ قلب کا کچھ اہتمام کرنا تھا
کتابِ دل کو تمہارے ہی نام کرنا تھا

عنایتیں تو کسی اور پر تھیں ساقی کی
ہمارے نام لبوں کا یہ جام کرنا تھا

ہم میکدے سے چلے آئے ساقیا پیاسے
ہماری پیاس کو صبح تا شام کرنا تھا

ملے گا چین ہی کب ہم کو گلستانوں میں
ہمیں تو پلکوں کی چلمن میں شام کرنا تھا

نہ جانے کس لیے روٹھا خدا محبت کا
اسے تو دل میں ہمارے قیام کرنا تھا

کسے پتا تھا اثرؔ ہم سے آ ہی جائیں گے
کچھ اور ان کے لیے انتظام کرنا تھا

غزل

لاش فٹ پاتھ پر تڑپتی ہے
زندگی موت کو ترستی ہے

لے کے ہاتھوں میں برچھیاں بھالے
ایک ٹولی یہاں بھٹکتی ہے

اس میں انسانیت نہ جل جائے
آگ گلیوں میں جو دھکتی ہے

زندگی کا اب اعتبار نہیں
دھوپ دیوار سے سرکتی ہے

گو بجھی آگ سب دکانوں کی
اک دکاں ذہن کی سلگتی ہے

انتہا ہو گئی گرانی کی
بھوک اب جسم بن کے بکتی ہے

زندگی سے اثرؔ نہ گھبراؤ
بعد ٹھوکر کے یہ سنبھلتی ہے

غزل

تو اگر بے حجاب ہو جاتا
پانی پانی گلاب ہو جاتا

ہو گئی مجھ پہ ان کی چشمِ کرم
ورنہ جینا عذاب ہو جاتا

مست نظریں جو اُن کی اُٹھ جاتیں
قطرہ قطرہ شراب ہو جاتا

تھا مقدّر میں خار بن جانا
ورنہ میں بھی گلاب ہو جاتا

کاش مجھ کو وہ یاد کر لیتے
دُور سارا عذاب ہو جاتا

خاکساری کا ہے اثرؔ شاید
ورنہ جینا ہی خواب ہو جاتا

غزل

دلِ خاموش میں جذبہ کوئی لپکے یارو
منجمد لمحوں سے آواز بھی ٹپکے یارو

توڑ کر پنجرہ پرندہ مرے سانسوں کا
جب اُڑے گا تو پلک تک بھی نہ جھپکے یارو

سو نہیں سکتا امانت تیرے غم کی لے کر
سانس کا ہاتھ مجھے لاکھ بھی تھپکے یارو

قتل کس نے مرے سائے کا اندھیرے میں کیا
آستینوں سے لہو کس کی یہ ٹپکے یارو

آتشِ عشق اثر دل میں بھڑک اُٹھی ہے
جسم سے جان نکل جاتی ہے چپکے یارو

غزل

معلوم تھا فریب تھا وعدہ وفا نہ تھا
ویسے ترا خلوص بڑا دوستانہ تھا

میں قتل ہو بھی جاؤں تو پرواہ نہیں مجھے
ان کا سلوک اچھا تھا مجھ سے بُرا نہ تھا

پتھر تھے جن کے ہاتھ میں وہ دوست تھے مگر
شیشے کا گھر نگاہ میں ان کی جچا نہ تھا

تم پر ہی وقف خوئے شناسائی تھی میری
ورنہ جہاں میں کون میرا آشنا نہ تھا

منظور ہی نہ تھی انہیں چارہ گری میری
وہ چاہتے تو درد مرا لا دوا نہ تھا

برقِ تپاں نے روشنی ڈالی چمن پہ جب
جس شاخ پر بھی دیکھا میرا آشیانہ تھا

خود راہبر شریک تھا سازش میں اے اثرؔ
رہزن کے ہاتھوں قافلہ میرا لٹا نہ تھا

غزل

آپ کی گلیوں میں پھرتا آج بھی دیوانہ ہے
اس کے دل میں آپ کا چھیڑا ہوا افسانہ ہے

آپ کے نقشِ قدم کا بھی اثر ہے کچھ یہاں
آپ کی گلیوں سے مجھ کو اس لیے یارانہ ہے

کچھ کرم کی کر نظر پیاسوں پہ اپنے ساقیا
بند آخر کس لیے دروازۂ میخانہ ہے

دل یہ تیرا عرش ہے آباد تُو اس میں ہے جب
کس لیے پھر بھی مرا دل اے خدا ویرانہ ہے

رِند ہوں میں رِند ساقی تو مجھے ساغر پلا
آنکھ تیری میری خاطر جب بنی پیمانہ ہے

ریت میں اس کی جڑیں ہیں کیا خبر کب وہ گرے
جس شجر کی شاخ پر میرا بنا کاشانہ ہے

پیکرِ شفقت جسے میں مانتا ہوں اے اثرؔ
کیوں وہ میرے فکر و فن سے آج تک بیگانہ ہے

غزل

مجھ سے مانوس تھا وہ آج خفا لگتا ہے
دشمنوں کی کسی سازش کا پتا لگتا ہے

ہاتھ میں دوست کے خنجر سا دبا لگتا ہے
ایسے ماحول میں جینا بھی سزا لگتا ہے

تیری خاموشی میں گھُل جاتی ہے نغموں کی مٹھاس
ترا ہر لفظ مجھے حرفِ دعا لگتا ہے

اس کی محفل کا اجالا تھا کبھی میرا وجود
میرا چہرہ بھی اسے آج بُرا لگتا ہے

اس کی چاہت نے مجھے کفر نگاہی بخشی
آدمی ہے وہ مگر مجھ کو خدا لگتا ہے

سحر کاری تری لفظوں میں نہیں ڈھل سکتی
ہے تو خاموش مگر نغمہ سرا لگتا ہے

کیوں جتاؤں میں کسی پر کبھی حق اپنا اثر
ہے ملاقاتی فقط میرا وہ کیا لگتا ہے

غزل

تیری باتوں میں آ گئی دنیا
حسن سے مات کھا گئی دنیا

مجھ کو نفرت ہے اس سے ہر اک پل
جانے کیوں تجھ کو بھا گئی دنیا

مجھ کو دینے فریب ہستی کے
جھوٹی قسمیں بھی کھا گئی دنیا

عقل انساں کی رہ گئی حیراں
کھوٹے سکے چلا گئی دنیا

تیرے در کا طواف کرتی ہے
جانے کیا تجھ سے پا گئی دنیا

مہربانی ہے وقت کی مجھ پر
کیسے کیسوں کو کھا گئی دنیا

کھا کے جبر کے اثرؔ زمانے کے
اب سمجھ میں تو آ گئی دنیا

غزل

ہاں ہُنر درکار ہے کچھ داد پانے کے لیے
لوگ کچھ بیٹھے ہوئے ہیں آزمانے کے لیے

غرقِ دریا ہو سکے کیا ہے عجب کشتی تری
حوصلہ بھی چاہیے اس کو بچانے کے لیے

جتنے موتی ہیں سمندر میں اٹھا لاؤں اُنہیں
یا ستارے توڑ لاؤں تجھ کو پانے کے لیے

گو لکھی تقدیر ہو کیسی بھی کاتب نے تری
چاہیے تدبیر اچھی دانے دلنے کے لیے

دور اتنی آ گیا ہوں واپسی ممکن نہیں
پُرخطر ہیں راستے سب آگے جانے کے لیے

بے سہارا کر گئی جب زندگانی روٹھ کر
منتظر بیٹھے اثرؔ ہو کس ٹھکانے کے لیے

غزل

یہ خوش فہمی تھی بس اپنی یہاں سب میرے اپنے ہیں
اُٹھا جب تیری محفل سے لگا کتنا اکیلا ہوں

درِ دل بند ہے مدّت سے کوئی آکے دستک دے
اِسی امید پر اے دوست میں برسوں سے بیٹھا ہوں

شبِ معراج ہی ہے اور نہ کوئی قدر والی شب
نہ جانے کس لیے اکثر میں یوں راتوں میں جاگا ہوں

تمہاری یاد رگ رگ میں لہو بن کر سمائی ہے
غموں کے اس سمندر سے نہ نکلا ہوں نہ ڈوبا ہوں

بڑھا ہے پیار تیرا اور نہ کچھ اس میں کمی آئی
کشش جو تجھ میں تھی پہلے وہی میں آج پاتا ہوں

کسی کی دید کی خاطر تمہاری آنکھ جاگی ہے
تمہارے خواب کی زنجیر پہنے میں بھی سوتا ہوں

کوئی تو ہے میرے آگے لیے روشن چراغوں کو
اثرؔ پیچھے پڑا میں تو فقط اک ادنیٰ سایا ہوں

غزل

غلط ہے، ڈر کے غریبی سے زہر کھالے گا
خدا کا بندہ ہے اُس کو خدا ہی پالے گا

بھلا یہ کون ترے غم کا ناگ پالے گا
یقیں ہے، مجھ کو بہت جلد مار ڈالے گا

اُٹھا تو سوچ کے خنجر مگر یہ یاد رہے
لہو بھی تیرا فلک پر کوئی اُچھالے گا

تو کر عطا مجھے فرقت کے لاکھ زخم سہی
مگر یہ زخم لہو دے کے عشق پالے گا

یہ دکھ ہمارا ہے کاندھے پہ اپنے رہنے دے
ہمارا دردِ وفا کیا جہاں سنبھالے گا

راہِ وفا میں جہاں نقشِ پا نظر آئیں
جبینِ شوق سے مٹی وہ دل اُٹھالے گا

ہو بزمِ دوستی کوئی کہ محفلِ شادی
اثرؔ تو ہر کہیں پہلوئے غم نکالے گا

غزل

آپس میں دلوں کو تو اُس طرح مِلانا مت
جھگڑا ہے ازل سے یہ سمجھوتہ کرانا مت

ممکن ہے کہ ہو جائے خود ہی سے ہمیں نفرت
گزری ہوئی یادوں کو آئینہ دکھانا مت

احساس جگائے گا پیروں کا لہو بہہ کر
چھبنے دو انہیں کانٹے رستے سے ہٹانا مت

تم چیخ پڑو گے یہ چہرا جو دکھائے گا
پتھر کو کبھی صیقل سے آئینہ بنانا مت

اچھا ہے اندھیرے میں کھلتا ہی نہیں کوئی
دھوکے میں پڑے ہیں سب سورج کو جگانا مت

وہ لاکھ کریں منت ہونٹوں کو نہ کھولو تم
سن لینا سبھی قصے تم اپنی سنانا مت

احباب تو آئیں گے گلشن میں اثرؔ تیرے
جو داغ ہیں سینے پر تو ان کو دکھانا مت

غزل

چاہیئے دوست کوئی داستاں دہرانے کو
دل بھی آمادہ نہیں خود ہی بہل جانے کو

وقت بدلا تو بدلنے لگے یارانِ وفا
اک تنہائی مری رہ گئی تڑپانے کو

میں تو تنہا ہی نہیں جرمِ وفا کا قائل
وہ بھی تیار ہیں اب مری قسم کھانے کو

شمع روشن ہوئی پروانوں کو پیغام مِلا
کچھ بھی بات ہے آمادہ ہیں جل جانے کو

واعظا! ٹھیک نہیں بیر ترا رِندوں سے
لاکھ باتیں تجھے مِل جاتی ہیں سمجھانے کو

لے کے غم سارے زمانے کا میں آنسوں پی کر
مسکراتا ہوں بہ ظاہر تجھے بہلانے کو

جس کو اپنایا تھا وہ خود ہی پرایا نکلا
اے اثرؔ کیا ہو خبر پھر کسی بیگانے کو

غزل

شکوہ نہیں ہے کوئی ہمیں کائنات سے
کیا فائدہ کسی کو ہماری حیات سے

جن محفلوں میں آنکھ نہ روشن ہوئی کبھی
ان محفلوں کا ربط ہی کیا میری ذات سے

ہر حادثے نے بخشا وہ عزم و حوصلہ
میں نے سنبھلنا سیکھا ہے ان حادثات سے

یہ رنج و غم یہ درد و الم اور بے بسی
وابستہ ہو چکے ہیں ہماری حیات سے

ہے تیرگی بھی دل میں تمنا کا نور بھی
کیا کیا ملا ہے ہم کو رہِ التفات سے

قسمت کا لکھا کیسے بدل جائے گا ندیم
دامن بچاؤں کیوں میں بھلا حادثات سے

رنج و الم تو عشق کے پہلو سہی اثر
حاصل ہوئے ہیں ہم کو کئی مشکلات سے

غزل

ہم ان کی وفاؤں کو الزام کہاں دیں گے
خود مٹ کے زمانے کو منزل کا نشاں دیں گے

جس گھور اندھیرے میں کچھ بھی نہ نظر آئے
لفظوں کے اجالوں کا ہم اور جہاں دیں گے

جس گھر میں شمع تیری یادوں کی نہ روشن ہو
ہم دل کی تجلی کو تاثیرِ فغاں دیں گے

جس بات پہ اس دل کو کچھ چین میسر ہو
شہرت کے بھکاری یہ سوغات کہاں دیں گے

امید کہ کوچے میں جو خود ہی اکیلے ہوں
وہ دل کے جھروکوں سے آواز کہاں دیں گے

افلاس کی آنکھوں کے ٹوٹے ہوئے تارے ہیں
پیغامِ عمل بن کر اک عزم جواں دیں گے

یہ سلسلہ کیسا ہے صحرا میں سرابوں کا
پیاسوں کی طلب کو ہم اشکوں کی زباں دیں گے

غزل

محبوب میرا آیا ہے رنگین شام ہے
اور مختصر سی عمر کا باقی قیام ہے

ہوش و حواس پہلے ہی وقفِ جنوں ہوئے
باقی حیات اب تو حوادث کے نام ہے

جام و سبو کا رقص ہے آنکھوں کے سامنے
ساقی ترے کرم سے کوئی تشنہ کام ہے

یادوں کی چلچلاتی ہوئی دھوپ الاماں
صحرائے زندگی میں سفر ناتمام ہے

مری بساط کیا ہے بھلا میری بات کیا
ہر لب پہ تیرا ذکر ہے ہر شے پہ نام ہے

دردِ وفا جگر میں تو آنکھوں میں اشکِ غم
پھر بھی گلہ ہے ان کو محبت ہی خام ہے

ہر سانس میں ہے خوشبو تو ہر اک بات میں اثرؔ
یہ ان کی یاد ہی کا تو حاصل تمام ہے

غزل

دل میں کسی کے پیار کے جذبے مچل گئے
پر کیا کریں کہ وقت کے تیور بدل گئے

اک مرے دل کا خون ہوا بھی تو کیا ہوا
لاکھوں مری خطا کے سہارے سنبھل گئے

ان کو کسی کے غم کی خبر بھی نہ ہو سکی
جو بھی تمہاری زلف کے سایہ میں پل گئے

احساس کے جو شعلوں میں جلتے رہے مدام
وہ تو سراپا نور کے سانچے میں ڈھل گئے

وسعت نگاہ میں تھی کہ جذبہ خلوص کا
ہم سرحدِ وفا سے بھی آگے نکل گئے

غربت کی آگ نے تو انہیں بھی جھلس دیا
جن کی نگاہِ حسن سے پتھر پگھل گئے

ہیں گل کے ساتھ خار بھی گلشن میں دوستو
ہم وہ نہیں کہ پھول چنے اور نکل گئے

غزل

مچلے ہیں میرے دل میں جو جذبات وفا کے
چوما ہے تیری بارہا تصویر بنا کے

بیتاب کیا دل کو میرے جلوہ دکھا کے
ہم ہو گئے گھائل تری بس تیغِ ادا کے

یہ اپنے مقدر ہی کی " معراج " ہے یارو
کیا کیا نہ دیا تو نے صنم خواب میں آ کے

خوشبو سے مہکتا ہی رہے گا میرا آنگن
احسان ہیں یہ مجھ پہ سدا بادِ صبا کے

پھوٹی مری تقدیر لُٹی میری جوانی
کیا مل گیا تم کو مجھے اس طرح ستا کے

تنظیمِ گلستاں کے لیے کیا نہ کیا میں
بیٹھا ہوں نشیمن کو میں خود آگ لگا کے

کیوں مری دعاؤں سے اثرؔ اٹھنے لگا ہے
ٹلتے نہیں کیوں سائے بھی اب کرب و بلا کے

غزل

چونک اٹھتا ہے یقیں لفظِ بہاراں پہ کبھی
دل کے چھالے نظر آتے ہیں گریباں پہ کبھی

داستاں درد کی افسوس سناتے ہی گئے
تھرتھراتے رہے تارے میری مژگاں پہ کبھی

جستجو جیسے بڑھی فاصلہ اتنا ہی بڑھا
ورنہ ہم آتے نہ تھے شہرِ خموشاں پہ کبھی

سر بہ سجدہ ہوں ازل سے ہی ترے کہنے پر
حرف آنے نہیں دوں گا میرے ایماں پہ کبھی

آستانے پہ تیرے کب سے کھڑا ہوں ہمدم
اک نظر ڈال دے کچھ حالِ غریباں پہ کبھی

اب بھی ڈرتا ہے اثر آ کے تیری محفل میں
کھل نہ جائے یہ مرا راز غزل خواں پہ کبھی

غزل

مثالِ گرد میں بن کر اڑا ہوں اے ہمسر
نہ جم سکا میں کسی طور شیشۂ دل پر

چراغ جلتے ہی اک خوف سا ہوا طاری
کہ دے گا جان کوئی روشنی میں خود جل کر

کڑکتی دھوپ میں امید کی رواں ہوں میں
ترستا رہ گیا چھاؤں کو زلف کی دلبر

حسین یادوں کے پردوں سے جھانکنے والے
کبھی تو ہو میری تنہائیوں میں جلوہ گر

شکستہ خواب کی تعبیر بس یہی نکلی
لگی تھی آگ تمنا کی جل رہا تھا گھر

ٹپک رہا ہے جو زخموں سے خونِ دل اپنا
یقین ہے مجھے اک دن دکھائے گا یہ اثر

غزل

تالے ہیں زبانوں پہ خیالات پہ پہرے
کیا کیا نہ کہے مجھ کو زمانے کے یہ چہرے

محروم رہے اہل نظر بوئے وفا سے
مکار کے سر چڑھ گئے پھولوں ہی کے سہرے

محلوں پہ چمکتے ہی رہے چاند اور سورج
اور سر پہ غریبوں کے مسلط ہیں اندھیرے

پاؤں سے یہ رِستا ہوا خود خون کہے گا
راہوں میں مری کانچ کے ٹکڑے جو بکھیرے

ہر ایک جبیں زخمی تو ہر سانس ہے مجروح
اُکساتے ہیں جینے کے لیے خواب سنہرے

مسکان اثرؔ اپنا دکھانے بھی نہ پائی
اخلاص سے محروم تھے اس بزم میں چہرے

غزل

جب سے حوادثات کے طوفاں میں گھر گئے
لاکھوں ستارے پلکوں سے گر کر بکھر گئے

بربادیوں کی ان کو خبر تک نہ ہو سکی
اور انقلاب کتنے اِدھر سے گذر گئے

تم کو بھلا سکے نہ کبھی ہم اے جانِ جاں
تم یاد آرہے تھے ہمیں ہم جدھر گئے

مدہوشیوں کا میری وہ عالم نہ پوچھئے
کچھ بھی خبر نہیں کہ وہ جانے کدھر گئے

دامن تو اُن کا پھولوں سے آباد ہے مگر
ہم کو ملے ہیں داغِ جگر ہم جدھر گئے

جن کو بھلائے ہوگئی مدت اثر سعید
جانے وہ نقش کیسے ذہن پر اُبھر گئے

غزل

میں نے گلی میں تیری کہیں گھر بسالیا
بعد اس تلاش کے بھی تو مجھ کو نہ مِل سکا

لینا ہے انتقام مجھے تجھ سے اے صنم
لوگوں سے تیرے، سوچ کے رشتہ بڑھالیا

حاصل ہوئی ہے دید تری مدتوں کے بعد
بھیگی ہماری پلکوں کی کام آگئی دعا

جلنا پگھلنا شام و سحر تیری یاد میں
مجھ کو ملی ہے کون سے جرموں کی یہ سزا

چھوڑا تباہیوں کے دہانے پہ بخت نے
اِک حادثہ تھی زندگی سو وہ بھی ہو چکا

منظر لہو لہو سے یہ پھیلے ہیں چار سو
آخر یہ صلح کس نے ہے کی موت سے بھلا

ناسُور بن گئے ہیں تیرے زخمِ دل اثرؔ
شاید ہے اب دعا بھی مسیحا کی لا دَوا

غزل

عبارت اس میں ہر اک بے نقاب میری ہے
لکھا ہے نام تمہارا کتاب میری ہے

گلاب توڑ کے زینت بنا لو دامن کی
نہ کھاؤ خوف یہ شاخِ گلاب میری ہے

یہ میکدہ یہ حسیں جام گو تمہارے ہیں
جو پی رہے ہو مزے سے شراب میری ہے

بھٹک نہ جائے کہیں اَسپِ عشق راہوں سے
دعا لبوں پہ ترے ہمرکاب میری ہے

وہ ٹوٹ کر نہیں گرتے زمین پر نہ سہی
ستارے چرخ کے ہیں آب و تاب میری ہے

میں حرف حرف میں اس کے بسا ہوں دھڑکن سا
کوئی بھی کہہ لے خوشی سے کتاب میری ہے

غزل

آ گئی شام شاعری ہو گی
فِکر میں پھر سے تازگی ہو گی

پھر سے ہے سامنے وہ روئے جمال
اَب اجالوں میں زندگی ہو گی

کیا گرا دوں میں اپنی دیواریں
اس کے آنگن میں روشنی ہو گی

پھول کچھ ڈالنے کو قدموں میں
لے کے ہاتھوں میں وہ کھڑی ہو گی

میں بھلا سوئے زندگی جاتا!
اس کی چاہت ہی لے گئی ہو گی

خوب واقف تھی اس ہنر سے وہ
چاک دامن کو سی گئی ہو گی

بے سبب روٹھے کیوں اثرؔ کوئی
کچھ نہ کچھ ایسی بات کی ہو گی

غزل

سُرخ جوڑے میں تجھے ایک نظر دیکھ تو لوں
اپنی اُجڑی ہوئی راتوں کی سحر دیکھ تو لوں

بن کے زینت کسی دلہن کی جانا ہے تجھے
تیری گلیاں، تیرا چمن، تیرا گھر دیکھ تو لوں

ہیں اِدھر دیر و حرم اور اُدھر چہرا تیرا
اَب جھکے گا سرِ مغرور کدھر دیکھ تو لوں

دل میں لینے لگی حسرت یہی انگڑائی مرے
پھر ملیں یا نہ ملیں ایک نظر دیکھ تو لوں

تجھ کو دولت کے سہارے کی ضرورت ہے اگر
سرِ بازار بکوں کیا ملے زر دیکھ تو لوں

کہیں بھولے سے مرا نام لکھا ہو شاید
جاتے جاتے تیرے دیوار و در دیکھ تو لوں

جرأتِ عشق تو لے آئی ہے محفل میں مگر
خونِ دل ہوگا ترا کیسے اثرؔ دیکھ تو لوں

غزل

بچے خرید سکتے نہیں یہ غریب کے
تو بیچنے مٹھائی نہ حلوائیوں کو دے

درد و الم ہو جتنا بھی دل میں دبا کے دیکھ
حصّہ خوشی میں ذرہ سہی بھائیوں کو دے

جنّت بھی دوش پر میں اٹھا لاؤں چرخ سے
گر تو پناہ میری پریشانیوں کو دے

ہیں اب جڑیں پکڑنے کو غربت کی ڈالیاں
تو سان اور کچھ ابھی کلہاڑیوں کو دے

میں ان کو ڈھالتا چلوں سورج کی شکل میں
تو روشنی خیال کی پرچھائیوں کو دے

گُل کر دے شہر شہر چراغوں کی یہ روش
ظلمت کی کھائی وقت کے بلوائیوں کو دے

محفل میں ان کی گھٹ کے نہ رہ جائے دم اثرؔ
وسعت تو اور ہجر کی تنہائیوں کو دے

غزل

وہ ایک پل جو گذارا ہے پاس داری میں
سکون دیتا رہا مجھ کو بے قراری میں

وہ میری روح میں جب تک نہ بس گیا آکر
سنبھل سکا نہ کبھی دل یہ بے قراری میں

حِنائی دست کی معجز نمایاں مت پوچھ
تمام عمر گذاری ہے شرم ساری میں

ہوس ہے گوہرِ نایاب کی اگر تجھ کو
تو ڈوب جا کبھی شبنم کی تاب کاری میں

سما گئے ہیں نظر میں لہو لہو منظر
تجھے ملے گا بھی کیا خاک اشکِ باری میں

کسی کے دل کو بھلا کھینچے کیا ترا نالہ
اثر! اثر ہو کوئی جب آہ وزاری میں

غزل

کسی کو زخمِ نہاں دل کے کیوں دکھاتا ہے
زمانہ اوروں کا ہر دم مذاق اڑاتا ہے

خیال و خواب کی دنیا بسا رہا ہوں میں
حقیقتوں کا تو احساس کیوں دلاتا ہے

میں آگہی کے تقاضوں سے خوب واقف ہوں
عبث تو عشق میں آنسو یہاں بہاتا ہے

تمام رات جگاتا ہے سوزِ ناکامی
مگر دلاسہ تری یاد کا سُلاتا ہے

ذرا سی بات پہ مجھ سے اے روٹھنے والے
نہ جانے کون کہاں اب تجھے مناتا ہے

اثر وفا کو مری جھوٹ سے نہیں نسبت
مگر وہ پھر بھی مرا ظرف آزماتا ہے

غزل

غم ہے کہ غمِ دل کا مداوا نہیں ملتا
ناچار ہیں جینے کا سہارا نہیں ملتا

اس دور میں رہبر کوئی سچّا نہیں ملتا
دنیا میں سراغِ رہِ دنیا نہیں ملتا

انصاف سے عاری ہیں محبت کے سمندر
ٹوٹی ہوئی کشتی کو کنارا نہیں ملتا

وہ دیپ بھی جلتے ہوئے دیکھے گئے اکثر
جن سے کوئی دنیا کو اُجالا نہیں ملتا

سورج کی حرارت سے پگھلتے ہیں یہاں تن
صحرا کی کڑی دھوپ میں سایا نہیں ملتا

حالات بدلتے ہوئے کہنے یہ لگے ہیں
سر اپنا چھپانے کہیں سایا نہیں ملتا

اس در سے پلٹنا ہی بہر حال ہے بہتر
جس در پہ اثرؔ شوق کا سجدہ نہیں ملتا

غزل

بات کو ایسے موڑ دینا تم
کچھ گماں لا کے چھوڑ دینا تم

شب کے دامن کی بات کرلوں گا
ان اجالوں کو چھوڑ دینا تم

ٹوٹ کر پھر یہ جڑ نہیں سکتا
دل کا شیشہ نہ توڑ دینا تم

لے کے پتوار عزم و ہمت کی
رُخ کو طوفاں کے موڑ دینا تم

عظمتِ فن کا واسطہ تم کو
نکتہ چینی یہ چھوڑ دینا تم

یہ کھلونے ہیں اپنی یادوں کے
بے دلی سے نہ توڑ دینا تم

کیا اثر ہو مرے افسانوں کا
بات جھوٹی ہے چھوڑ دینا تم

غزل

ایک نظر ہم پہ کر گئے ہوتے
پھول دامن میں بھر گئے ہوتے

گر نہ یادوں کی روشنی ہوتی
ہم اندھیروں میں مر گئے ہوتے

رات کے بیکراں سمندر میں
چاند بن کر اُبھر گئے ہوتے

یوں نہ رسوائیاں ہمیں ملتیں
خامشی سے گذر گئے ہوتے

میری قسمت سنوارنے والے
تیرے گیسو سنور گئے ہوتے

تھک گئے ہم قریب منزل کے
دو قدم اے اثرؔ گئے ہوتے

غزل

باوفا، باوقار ہے لوگو
جو سلیقہ شعار ہے لوگو

حسرتِ گُل بُری نہیں لیکن
گُل کے پہلو میں خار ہے لوگو

غنچہ غنچہ سے خوں ٹپکتا ہے
کون یہ اشک بار ہے لوگو

تذکرہ میرا ان کے ہونٹوں پر
رحمتِ کردگار ہے لوگو

ہر قدم پر نئی مصیبت ہے
روز روزِ شمار ہے لوگو

کیا اثرؔ اس پہ میری آہوں کا
جو کہ فتنہ شعار ہے لوگو

غزل

خوشی ملی تو غمِ دل نے یہ کیا اصرار
غموں کے سائے میں تُو زندگی کو اور نکھار

خوشی سے چاند اتارو تم اپنے آنگن میں
مرے لیے تو بہت ہے یہ جگنوؤں کی قطار

ہمارا اپنا بھی کچھ ہوتا باعثِ توقیر
ملی ہے زندگی ہم کو مگر ملی ہے اُدھار

یہ اشک جتنے ہیں آنکھوں میں خشک ہونے دو
نہ یہ ڈھل گئے تو سمجھ لو کہ عشق ہے بے کار

چلا ہے سورجی سوچوں کا کارواں تو اثرؔ
چلے چلو یوں ہی ڈھونڈو نہ سایۂ اشجار

غزل

حق کی تلاش ہے جیسے وہ جنگلوں میں ہے
یعنی وہ جستجو کے ابھی مرحلوں میں ہے

دیتا ہے شوق سوچوں کا ہر ایک فرد کو
اُوڑھے جو چیتھڑوں کو کھڑا پاگلوں میں ہے

اُس کے بدن کی شاخ تھی کتنی ہری بھری
میرے جگر کا خون ابھی بادلوں میں ہے

تیری تلاش مجھ سے مجھے دور لے گئی
میرا وجود اب تو فقط جنگلوں میں ہے

تھی میری آرزو کی وہ ننھی سی یک کلی
دلہن سی جو کہ آج تری محفلوں میں ہے

فاقہ کشی کیوں نا جیتی سکوں پہ کچھ کہو
مفلس کی بھوک گویا ابھی پائلوں میں ہے

سانسیں یقین دیتی ہیں اِتنا اثرؔ سعید
میرا وجود جکڑے ہوئے پاگلوں میں ہے

غزل

پنڈت کی نہ پوچھا سے نہ مُلّا کے بیانوں سے
اخلاص کی بو آئی انساں کے مکانوں سے

آئے ہیں لٹیرے اب احساس کی نگری میں
لے جائیں گے کیا دیکھیں شیشوں کی دکانوں سے

احساس کی گرمی سے پگھلے گا نگر کیسے
ٹکراوگے تم کتنا پتھریلی چٹانوں سے

مذہب کے جنون کا اب ذکر بھلا کیسا
ٹکرائی زباں جب کہ خود اور زبانوں سے

اربابِ حکومت کو تشویش نہیں کوئی
جب مسئلہ روٹی کا پورا ہو لگانوں سے

اب تلخ حقائق میں کیا ہوگا اثر باقی
جب لوگ بہل جائیں فرسودہ فسانوں سے

غزل

آئینے میں وہ عکس پایا ہے
اپنے چہرے سے خوف کھایا ہے

جب اڑایا مذاق دنیا نے
دل بھی دنیا پہ مسکرایا ہے

موت اس سے نظر ملائے کیا
حادثوں سے نظر ملایا ہے

جذبۂ عشق کی بدولت ہی
پھر تصور میں اِن کو پایا ہے

چوٹ پہ چوٹ کی تمنا تھی
جو گلے سے تجھے لگایا ہے

دل میں اب درد ہے نہ کوئی خلش
جب سے دانستہ چوٹ کھایا ہے

کیوں نہ ہو فکر میں اثر باقی
مدتوں خونِ دل جلایا ہے

غزل

رات بھر جاگا کروں گا پھر کوئی چارا نہیں
اور سو جاؤں گا جس دم انجمِ زیبا نہیں

غیر ہوں میں آپ کی خاطر اگر اپنا نہیں
عشق میں ایسا بھی ہے یہ گُر کبھی سمجھا نہیں

ہو گیا ہوں دہر میں ترکِ تعلق سے غریب
دوست اب کس کو کہوں میں ان سے جب رشتہ نہیں

غیر ہوں یا اپنے ہوں بڑھکر ہے سب سے عشق گر
غیر اسے سمجھو کہ شرِ محبوب سا رشتہ نہیں

بت شکن کوئی بھی ہو آذر ہے بت گر اے اثرؔ
آج بھی ہے زندہ ذوق اِس کا تو پھر چارا نہیں

غزل

سلوک میں نے کیا عاجزی کا سب کے ساتھ
مگر بگاڑ رہا میرا میرے رب کے ساتھ

میں اپنے آپ سے غافل رہا ہوں یہ سچ ہے
تعلقات کا بندھن جڑا ہے سب کے ساتھ

اتر چکے کئی خورشید میرے سینے میں
بندھی ہوئی ہے مگر زندگانی شب کے ساتھ

ہوا یہ کیسی چلی غنچہ لب بھی سوکھ گئے
بندھا ہے آہ دل کا آج تیرے لب کے ساتھ

نظر کو تابِ نظارہ رہی نہ ہوش مجھے
وہ آئے سامنے میرے یہ کس غضب کے ساتھ

وہ خواب خواب سا منظر اثرؔ ہوا غائب
کہ روح تنگ ہوئی پرواز میری شب کے ساتھ

غزل

کوئی تدبیر بھی رونے کی نکالی جائے
کاسۂ غم نہ تیرے در سے یوں خالی جائے

خواہ مخواہ بات سے کیوں بات نکالی جائے
خامشی لے کے تیرے در پہ سوالی جائے

جذب آنکھوں میں کرو اشکِ ندامت سارے
اور ہونٹوں میں ہنسی اپنی دبالی جائے

چاند پہ پہنچے، سمندر سے نکالے موتی
راہ جینے کی بھی اک آدھ نکالی جائے

آنکھ پرنم ہے تعلق بھی ہے ٹوٹا ٹوٹا
ٹوٹتی بات یہ رشتوں کی سنبھالی جائے

مئے غم حلق میں پہلے تو اتارو اپنے
اور جینے کی قسم ہو بھی تو کھالی جائے

غزل

سوکھے تمام زخم لگیں گرنے کھپلیاں
چمٹا ہوا ہے آج بھی احساس درد کا

آنسو، فراق، کاٹتی تنہائیاں، الم
سب کچھ سہا کلیجہ ہے آخر یہ مرد کا

زندہ ہے یا کہ مر گیا اب کیا شمار ہو
تنہا اکیلا ایک بھر واحد وہ فرد کا

کیوں لوگ جان بوجھ کے پتھر ہیں مارتے
احسان میں تولوں گا غبار اور گرد کا

احساس ہی نہیں رہا سانسوں کا جب مجھے
موسم سے کیا اثر ہو اثر گرم و سرد کا

غزل

آیا ہے شہر میں کوئی طوفاں لیے ہوئے
شاید تلاشِ حضرتِ انساں لیے ہوئے

خود ریزہ ریزہ ہو کے وہ بکھرا ہے شش جہت
پھرتا رہا میں ذات کا عرفاں لیے ہوئے

رس گھولتی صدا کوئی آئے گی کان میں
گذرا گلی گلی سے یہ ارماں لیے ہوئے

الفت کی ہو تلاش انہیں کیا پتا کبھی
دہلیز پر کھڑا ہوں یہ ساماں لیے ہوئے

خود زخم بڑھ گیا مرا ناسور کی طرف
مایوس ہے مسیحا بھی درماں لیے ہوئے

میں آسماں ہوں کیا کوئی دے گا مری مثال
"سو آفتاب ہوں تہہ داماں لیے ہوئے"

حافظ خدا ہے میرا یہ ایماں کی بات ہے
زندہ اثر ہے بت کا ایک احساں لیے ہوئے

غزل

جو گیت تھا سازِ دل میں نہاں وہ گیت سُنانے آیا ہے
لب کو نہیں قوتِ گویائی اشکوں کی زبانی لایا ہے

سو ڈھونڈ چکا ہے میخانے تب جا کے وہ اس کو پایا ہے
ساقی کی کرے تعریف وہ کیا تلچھٹ سے پیاس بجھایا ہے

قرنوں سے جو تیرے بیچ میں تھی دیوار کو اس نے ڈھایا ہے
جو رازِ حقیقت پنہاں تھا اُس راز کو پَل میں پایا ہے

وہ تشنہ لبی کا تھا عالم جتنی بھی پیا ہوں پیاس بڑھی
اعجاز وہ کیا تھا اے ساقی اس پیاس کو تو نے بجھایا ہے

گو بیت گئے یُگ کتنے پہچان تری پر مِل نہ سکی
ہر در سے اٹھا کر در پہ ترے پیروں کے یہ چھالے لایا ہے

تھی ایک امانت قدرت کی لینے سے مَلک بھی گھبرائے
ناداں تھا وہ انسان فقط یہ بوجھ اُٹھا کر لایا ہے

جو راہ بتائی اس نے مجھے وہ راہ اثرؔ تھی نیکوں کی
انعام ملے اکرام ملے سب کو وہی رستہ بھایا ہے

غزل

راحتِ جاں مرا سفر ہو گا
ہم سفر دل ہے رہنما اپنا

داستاں ہے میری مسافت کی
اب بھی باقی ہے راستہ اپنا

وہ دکھاتا ہے صاف خنجر کو
دوست ہے وہ کھلا ہوا اپنا

ساتھ اپنے بھنور میں لے ڈوبا
کام آیا نہ ناخدا اپنا

فکرِ دنیا کی ہے نہ عقبیٰ کی
جیسے تیسے بتائیں کیا اپنا

ہاں ملی زندگی تھی مجھ کو بھی
پر اُسے میں نہ کہہ سکا اپنا

عشق میں پختگی نہیں آئی
ہے سلامت تو حوصلہ اپنا

غزل

بابِ دل جب بھی وا ہوا اپنا
اس میں نقصان ہی ہوا اپنا

کوئی دل والا آ ملے مجھ سے
در ہے رکھا کھلا ہوا اپنا

نقشِ پا ثبت ہیں لٹیروں کے
گھر سے غائب ہے رہنما اپنا

لُٹ گیا سب، حساب کیا ہوگا
غیر کا کیا تھا اور کیا اپنا

منزلوں کا نشان کھلائے
خون اُگلا ہے نقشِ پا اپنا

دل کو تاکا تھا اے اثرؔ میں نے
کیا نشانہ ہوا خطا اپنا

غزل

میں کھلونا نہیں مجھ سے کھیلو نہ تم
اپنے دامن پہ یہ داغ لے لو نہ تم

میں ہوں خاتون زیورِ حیا ہے میرا
بے حیا بن کے بانہوں میں ڈولو نہ تم

میں کہ مجبور و بے بس ہوں لاچار ہوں
گر بکھر جاؤں خوں خوار بولو نہ تم

من کی پُستک بڑی قیمتی چیز ہے
موتیوں کے بدل اُس کو تولو نہ تم

ہے مقدس بڑا دل کا کمرہ سنو
آیرے غیرے پہ دروازہ کھولو نہ تم

گر سلیقہ نہیں بات کا چپ رہو
کڑوی باتوں سے یوں زہر گھولو نہ تم

ہے نصیحت اثرؔ کردے خاتون کی
لکھ دو دیوار پر کچھ بھی بولو نہ تم

غزل

تمہاری بے رخی نے موڑ دی ہے زندگی اپنی
پرائی لگ رہی ہے آج مجھ کو ہر خوشی اپنی

مجھے پابند کر کے رکھ دیا جبرِ مشیت نے
بھلا اس زندگی کو کیسے کہہ دوں زندگی اپنی

حیاتِ عشق کو رنگیں بنانے کی اگر سوچوں
بجائے اشک خوں دل کا بہائے آنکھ بھی اپنی

بہانے لے کے تیری انجمن میں لاکھ بار آئے
مگر نکلی نہ اب تک حسرتِ دیدار ہی اپنی

پھٹی چادر ہی کافی ہے اگر تن ڈھنپنا چاہوں
لباسِ نو میں تو عریانیت باقی رہی اپنی

کبھی شامِ اودھ ہے تو کبھی صبحِ بنارس ہے
کبھی اُجیّن کی شب ہو گئی آوارگی اپنی

جُھکا تو دی جبیں اُس آستاں پر اے اثرؔ میں نے
نہ ہو جائے کہیں بدنام و رسوا بندگی اپنی

غزل

گزر رہا ہوں میں یارب یہ کیسی منزل سے
کہ ہر قدم پہ نکل جاتی ہے فغاں دل سے

کسی کی جان بچے کیسے ایسے قاتل سے
مزے جو لوٹتا رہتا ہے رقصِ بسمل سے

تیرا خیال مجھے اَب کہیں بھی لے جائے
نہ راہ سے ہے سروکار اور نہ منزل سے

وہ کن خیالوں میں جانے کدھر گیا آخر
وہ گھر نہیں گیا نکلا جو تیری محفل سے

جو ڈوبنے کی تمنا ہے ڈوب جاؤ مگر
مٹا دو نقشِ کفِ پا تو پہلے ساحل سے

میں رنگ و بوئے چمن میں اٹھاؤں لذت کیا
بھری پڑی ہے میری زندگی مسائل سے

اِس انجمن میں وہی ہے خلوص کا پیکر
اثرؔ بڑھائیں گے ہم دوستی کو راحلؔ سے

غزل

کاش وہ شوخ مری باہوں میں چہکے یارو
موسمِ عشق میرے گھر میں بھی مہکے یارو
مرے آنگن میں قدم چاند کے اترے آخر
در و دیوار پہ اب چاندنی مہکے یارو
میں نے چنگاری کو نفرت کی بجھانا چاہا
کون دیتا ہے ہوا آگ جو دہکے یارو
وہ نہیں جانتا صیّاد کی نیّت کیا ہے
دل کا اک تنہا پرندہ ہے جو چہکے یارو
سوکھنے بھی نہیں پائے تھے ابھی زخمِ کُہن
پھر تمنا کے قدم دشت میں بہکے یارو
ذکر تھا جس میں جفاؤں کا کسی ظالم کی
میں ہی رسوا ہوا افسانہ وہ کہہ کے یارو
عشق نے حال سے بے حال کیا ایسا اثرؔ
راز اِفشا ہوا خاموش بھی رہ کے یارو

غزل

محبت ہم نے کی دل میں رہا اس کے مگر کینا
طبیعت انقلابی ٹکڑے ٹکڑے کر گئی سینا

بہت بھایا لہو میرا مرے سرمایہ داروں کو
بھرے گی مفلسی میری اب ان کے ساغر و مینا

جواں شوخی نے کر ڈالا لہو پھر فکرِ ایماں کا
تقدس کا بدن عریاں ہوا تو کس طرح جینا

نمائش حسن کی ہونے دو پردے نوچ کر پھینکو
خرد مندوں کے ذہنوں میں خیالِ فکر نابینا

حقیقت سے اثرؔ نا آشنا ہے چشمِ ظاہر بیں
عیاں ہو جائے سب کچھ ہی اگر ہو چشمِ دل بینا

غزل

شعر کہہ کر متین کر لیتے
فیصلہ سا معین کر لیتے

حسن کی بات ہی نرالی ہے
جھوٹ پر تم یقین کر لیتے

چاندنی گھر میں قید ہو جاتی
گر تجھے مکین کر لیتے

ایک تجھے ضد تھی اپنا کہنے کی
ورنہ کتنے معین کر لیتے

گھر میں ہی رہتیں گھر کی سب باتیں
بند دریچے مکین کر لیتے

عشق میں دل بھی اپنا دشمن تھا
کس کو اپنا معین کر لیتے

عشق میں خاموشی تھی اچھی اثرؔ
زندگی کو متین کر لیتے

غزل

غموں سے جس نے خوشی کو بدل دیا ہوگا
نصیب نے مجھے وہ ایک پل دیا ہوگا

تڑپ کے کروٹیں کیوں بجلیوں نے بدلی ہیں
چمن کا راز گلوں نے اُگل دیا ہوگا

ہمارے کل پہ جہاں اب بھی محوِ حیرت ہے
بدل کے ہم نے ہی کل کو بدل دیا ہوگا

گلوں کے چہرے فسردہ ہیں آنکھیں پُرنم ہیں
کسی نے کلیوں کو شاید مسل دیا ہوگا

فلک پہ کوندتی پھرتی ہے برق ہر اک پَل
کسی نے اپنا نشیمن بدل دیا ہوگا

ہر ایک بزم میں لازم ہے سُرخ رو ہونا
انا کے سر کو جب اس نے کچل دیا ہوگا

اب اُن کی آنکھوں میں سُرخی کہاں سے آئی اثرؔ
کسی کا خونِ تمنّا اُگل دیا ہوگا

غزل

اک اس کی یاد کا نشہ بہک گیا ورنہ
شراب چیز ہی کیا ہے نشہ کہاں اس میں

تمام صورتیں ہم نے تو کر کے دیکھی ہیں
شراب پی کے بھی دیکھیں گے ہے جہاں اس میں

تم چند اینٹوں کی تعمیر کو نہ گھر کہنا
نہ ڈھونڈ پایا ہوں اب تک کوئی نشاں اس میں

تلاشِ یار میں یہ تجربہ ہوا مجھ کو
جو تجھ میں بات ہے وہ بات ہے کہاں اس میں

اثؔر سعید چلو پھر تباہی کیا ہوگی
یہ راہِ عشق ہے ملتا نہیں نشاں اس میں

غزل

تمہارے گیسوؤں کو جب سنور جانا نہیں آتا
ہمیں بھی الجھنوں کو پار کر جانا نہیں آتا

ہمارے دل کی بستی میں پڑا ہے قحط اُجالوں کا
تمہیں بھی اے امید و صبح کر جانا نہیں آتا

ہمارا نام ہے کب سے اُٹھائے طوق گمنامی
تمنائے نمو کو کیا سنور جانا نہیں آتا

ہماری سوچ کا سورج جو پگھلے لفظ و معنی ہو
خلا میں ذہن کو بہر سفر جانا نہیں آتا

انہیں کے پیار کی کلیوں کو اکثر روندھا جاتا ہے
جنہیں گلشن کے کانٹوں پر گذر جانا نہیں آتا

کسی کی پردہ داری آہ بھی کرنے نہیں دیتی
ہمارے داغِ پنہاں کو اُبھر جانا نہیں آتا

فصیلوں سے وہ سر ٹکرا کے بھی ناکام مرتے ہیں
حدوں سے اے اثر جن کو گذر جانا نہیں آتا

غزل

اخلاق کی شمعوں سے شوالوں کو سجا دے
دانش کدۂ بغض کو دنیا سے مٹا دے

عرفانِ حقیقت کا زرا پردہ اُٹھا دے
کیا عشق سے رشتہ ہے مرا یہ تو بتا دے

جانا ہے اگر منزلِ مقصود کی جانب
ہو سنگِ گراں راہ میں کوئی تو ہٹا دے

توفیق نہ مٹ جائے کہیں صبر کی یارب
مجبوری میں سچائی کو انساں نہ بکا دے

انجام نشیمن کا گلستاں میں ہو کچھ بھی
میں حوصلہ دیکھوں گا ترا بڑھ کے ہوا دے

تم غسل نہ دینا مجھے خوشبو نہ لگانا
شمشیرِ ادا سے وہ اگر مجھ کو مٹا دے

لکھی ہے اثر حمد میں توصیفِ الٰہی
تاثیر قلم میں تو زرا اور بڑھا دے

غزل

منظور اگر ہو تو چلے آؤ مکاں سے
رکھوں گا چھپا کر تمہیں عشاقِ جہاں سے

مقصد کی بلندی کے لیے چاہیئے ہمت
شیشوں کو اٹھانا نہیں پتھر کی دکان سے

وسعت کی ضرورت ہے تو پھر توڑ حدوں کو
پیروں میں ہے حد بندی تو پھیلنے گے کہاں سے

تقدیر کو تدبیر کی ہوتی ہے ضرورت
حاصل بھی ہوا ہے کبھی کچھ آہ و فغاں سے

رہتی ہے فقط دنیا میں تمثیلِ محبت
بے کار ریاضت مری جائے نہ جہاں سے

تقصیر کسی کی جو بتاؤ بھی تو ایسے
دل ٹوٹے کسی کا نہ کبھی حسنِ بیاں سے

کچھ ربط ضرور ان سے اثرؔ ہے میرے دل کا
واقف وہ ہوئے جاتے ہیں کیوں رازِ نہاں سے

غزل

حیات پاس مرے گھر کے آنے ڈرتی ہے
بہت ہی پیار سے لیکن چھلانگ بھرتی ہے

زمیں کھرچتی ہے پاؤں کے جب انگھوٹوں سے
لبوں کو دانت سے شرمندگی کترتی ہے

لبوں پہ سُرخی ورخسار پہ ملے غازہ
تصورات میں کوئی مرے سنورتی ہے

وفا کی راہ میں اتنا اثر خیال رہے
وہ آرزو نہیں جو حادثوں سے ڈرتی ہے

غزل

مری چاہ کو چاند تاروں میں دیکھو
ذرا ان سلگتے نظاروں میں دیکھو

مرے جذبۂ عشق سے ہیں بہاریں
مرا خونِ دل لالہ زاروں میں دیکھو

وہ کرتے ہیں یوں فیصلا زندگی کا
نگاہیں اُٹھا کر اشاروں میں دیکھو

مرے فکر و فن کو جِلا جس نے بخشی
وہ بیٹھا ہے کن رازداروں میں دیکھو

سجائے ہیں ہم نے تمہارے لیے کیا
مری رات کے خواب زاروں میں دیکھو

اُٹھے کس قدر ہم پہ طوفانِ غم بھی
انہیں تم غمِ دل کے ماروں میں دیکھو

مرے عشق کا ہی اثر ہے یہ شاید
وہ شامل ہوئے بے قراروں میں دیکھو

غزل

غور کرتا ہوں اگر شرحِ بہاراں پہ کبھی
دل کے چھالے نظر آتے ہیں گریباں پہ کبھی

قصّۂ درد پہ آہیں کبھی نکلی منہ سے
تھرتھراتے رہے تارے مری مژگاں پہ کبھی

فاصلوں نے ہمیں مجبور کیا ہے ورنہ
کیوں نظر ڈالتے ہم شہرِ خموشاں پہ کبھی

بھیڑ میں کھو کے ترا چہرہ بھی میں بھول گیا
کیوں بہار آئے مرے دل کے بیاباں پہ کبھی

سر بہ سجدہ ہوں ازل سے ہی ترے کہنے پر
حرف آنے نہیں دے سکتا میں ایماں پہ کبھی

آستانے پہ ترے کب سے کھڑا ہوں ظالم
اک نظر ڈال دے ارمانِ غریباں پہ کبھی

غزل

تیری صورت جہاں دکھائی دے
میری ہستی گراں دکھائی دے

تجھ کو جانے کہاں دکھائی دے
مجھ کو وہ تو یہاں دکھائی دے

اپنی دنیا وہیں بساؤں گا
نقش تیرا جہاں دکھائی دے

آگ کس گاؤں نے یہ پھونکی ہے
شہر سارا دھواں دکھائی دے

عشق نے بخشا دیدۂ بینا
رازِ پنہاں عیاں دکھائی دے

حسنِ غم سے ہے دل یہ آئینہ
تیرا جلوہ عیاں دکھائی دے

اے اثر دل سے قدر کر اس کی
جو بھی اہلِ زباں دکھائی دے

غزل

جو الفت میں مژگاں پہ آنسو لیے ہیں
وفاؤں کے وہ جگمگاتے دِیے ہیں

بہت دن سے اشکوں کے ساغر پیے ہیں
بڑی مشکلوں سے جہاں میں جیے ہیں

مسل تو دیا ہے اُسے باغباں نے
گلوں کے کہاں چاک دامن سِیے ہیں

نگاہوں کی اس نے کلی بھی نہ بخشی
خدا جانے کانٹوں میں کیسے جیے ہیں

دلاسوں کی چادر میں لے لو ہمیں بھی
ہم اشکوں کے کچھ جھلملاتے دِیے ہیں

ہرے راستوں کو بنا لو تم اپنا
یہ کانٹوں کی راہیں ہمارے لیے ہیں

اثرؔ گلستاں جب جنوں نے چھڑایا
تو صحرا نے بڑھ بڑھ کے پاؤں لیے ہیں

غزل

روشن ہے جس کے عشق سے ہر رُخ حیات کا
بیٹھا ہوں منتظر ہیں اُسی حسنِ ذات کا

ہر اضطراب دل میں سکوں ہے حیات کا
یہ فیض ہے تیری نگہ التفات کا

گم کر دیا ہے عشق نے تیرے کچھ اس طرح
ہر ذرہ ڈھونڈ تا ہے مجھے کائنات کا

وعدے پہ تیرے کل کے یقیں تو کروں گا میں
کیا اعتبار زندگی بے ثبات کا

سوچا تھا اب کہ چین سے گذرے گی زندگی
لیکن حیات سِلسلہ ہے حادثات کا

جام و سبو کتاب قلم اور محفلیں
وہ لطف اب کہاں ہے تیری التفات کا

کرتا ہوں پیش گوئی میں شعروں میں اے اثر
دورِ جدید ہے یہ میرے معجزات کا

غزل

مچلے ہیں مرے دل میں جو جذبات وفا کے
چوما ہے تری بار ہا تصویر بنا کے

یہ اپنے مقدر کی ہی معراج ہے یارو
کیا کیا نہ دیا تو نے صنم خواب میں آ کے

خوشبو سے مہکتا ہی رہے گا میرا آنگن
احسان ہیں یہ مجھ پہ سدا بادِ صبا کے

لوٹا ہے بہاروں میں نشیمن کو ہمیشہ
انداز ترے خوب ہیں صیاد جفا کے

پھوٹی میری تقدیر لٹی میری جوانی
کیا مِل گیا تم کو مجھے اس طرح ستا کے

تنظیمِ گلستاں کے لیے کیا نہ کیا میں
بیٹھا ہوں نشیمن کو میں خود آگ لگا کے

کیوں میری دعاؤں سے اثرؔ اٹھنے لگا ہے
ٹلتے نہیں کیوں سایے بھی اب کرب و بلا کے

غزل

تمہاری آنکھوں میں مستی نہیں خمار نہیں
تو ذوقِ دید کو بھی لمحہ بھر قرار نہیں

نہ ذہن میں، کوئی منزل نہ سوچ میں رستہ
چلا ہوں جانے کہاں خود پہ اختیار نہیں

میں ہوں تو صاحبِ دریا مگر وہ جام ترا
ستم ہے اب مجھے تلچھٹ پہ اختیار نہیں

غموں کی برف بھی شاید پگھل گئی ہو گی
اب آنسوؤں کی میرے دل میں کچھ پھوار نہیں

کوئی نہیں ہے یہاں کس سے دل کی بات کریں
ہمارے رہنے کے قابل اثر دیار نہیں

غزل

کسی انجان بستی میں تمہارے پاؤں جائیں گے
جہاں ہم اجنبی چہروں میں گھر کر یاد آئیں گے

یہ تنہائی کا سناٹا سجائے یاد کی محفل
گلابی دھوپ ڈھلتے ہی مرے محبوب آئیں گے

کبھی تنہائیوں کا خوف جی کو مار ڈالے ہے
کبھی امید کا ٹوٹا دلاسہ وہ کہ آئیں گے

وہی گرما کا موسم ہے وہی پتوں کا جھڑنا ہے
چلو انگلی پکڑ کر یاد کی کچھ دور جائیں گے

شبوں کو صبح کے ماحول میں تبدیل کرنا ہے
کہاں تک ہم بھلا یہ ہجر کے صدمے اٹھائیں گے

تصور کی کھلی کھڑکی میں ابھرا چاند سا چہرہ
میں نغمہ دل رُبا چھیڑوں وہ پنچھی چہچہائیں گے

نیا ہے دور اس نے بھی نئی تہذیب پائی ہو
اثرؔ نادان کیونکر ہم وفا کے نقش پائیں گے

غزل

خطرے میں آدمی ہے، حفاظت لہولہو
ہے ظلم کے پردے میں عنایت لہولہو

شب ہے لہو تو صبح کا پربت لہولہو
پھیلی ہے شہر شہر عداوت لہولہو

قائد بنائیں کس کو، کسے رہنما کہیں
جب کہ ہوئی ہے سب کی قیادت لہولہو

پھیلا رہا ہے کون تعصب کی تیرگی
ہے دشمنی کی زد میں رفاقت لہولہو

ہر لمحہ لگ رہا ہے کہ محشر بپا ہوا
آئی ہے پھر کہاں سے قیامت لہولہو

حق مانگنا بھی جرم ہے اس کی نگاہ میں
صد حیف آج کی ہے سیاست لہولہو

ناظم کو خود پتا نہیں ہم کیا کریں اثر
کس کی غرض ہوئی ہے نظامت لہولہو

دوھے

دو نینوں نے باندھی مجھ کو پریت کی پکی ڈور
لاکھ جتن کروں دل پر میرا چلے نہ کوئی زور

سانجھ ڈھلے وہ بہترآئے چل گئے پھر سے بھور
دن بھر کالا کوّا کرے کیوں ڈال پہ بیٹھے شور

دیکھ سکھی ری من میرا جھومے بن میں جیسے مور
آج گیا ہے پکڑا میرے من کا یہ چیت چور

بیری دنیا طعنے دے ہے چلے نہ میرا زور
باندھ لے میرے سنگ ابھی تو پریت کی پکی ڈور

روگ بنے جب تیرا پریچے ایشور کارن چھوڑ
بندی بنے جب اچھا تیری ایسے بندھن توڑ

اپنی کویتا کی دھاراوں کو لاکے ایسے موڑ
ہر دے اپنا سنگ تیرے ہی جائے ساگر اور

من سے بندھا ہے سمبندھ اثر یہ چھوڑ نہ فن کی ڈور
سادھنا تیری کام آئی ہے چل تو جنگل یہ چھوڑ

نظم

تو ہی اشرف، تو ہی ہے نائب، تو ہی ہے مالک اگر جہاں کا
تجھے ہے آساں، ہر ایک رستہ، مکاں کا ہو یا کہ لامکاں کا

تو نسلِ انساں کے سوچنے کے طریقہ ہائے عمل بدل دے
اٹھیں جب اشرار شر مچانے، تو ان کو پیروں تلے کچل دے

نہیں ہیں تیرے لیے یہ زلفیں یہ پھول چہرے یہ جھیل آنکھیں
تو بن مجاہد، رہِ وفا میں کہ حوریں تجھ کو خوشی سے چاہیں

زمیں کی پہچاں ہوئی ہے کس کو وہ آسمانوں میں کیا کریں گے
خلائی انساں خلا میں کب تک اُڑا کریں گے جیا کریں گے

جنہوں نے مانی نہ دوسروں کی بھلا کسی کا وہ کر نہ پائے
جو خود ہے اندھا بھٹکنے والوں کو راستہ کیسے وہ دکھائے

زمیں بھی ساری جو دیکھ ڈالا گگن بھی سارا جو چھان مارا
بھلا اُسی کا ہے شش جہت میں، وہی ہے بندۂ خدا کو پیارا

سمندروں میں جو غوطہ زن ہیں وہ ساحلوں پر اُبھر کے دیکھیں
مقام اپنا بھی جان لیں گے اثر کے دل میں اُتر کے دیکھیں

غزل

گھونسلہ چھوڑ کے اُڑ جائیں گے خوابوں کے پرند
لبِ بی داب نہ راتوں میں طمانچے کی کبھی

حوصلہ ٹوٹے کے لہروں کا بکھر جائے گا
ساحلوں پر تیرے قدموں کو بھگونا نہ کبھی

کیوں نہیں اٹھتے میرے پاؤں کبھی گھر کی طرف
رات ہوتے ہی چلے جاتے ہیں جب دوست سبھی

تنہا رہتا ہوں تو رکتی نہیں آنسوں کی لڑی
محفلوں میں تو سجائے ہوئے رہتا ہوں ہنسی

جھونپڑوں میں ہی تو احساس جواں ہوتا ہے
اونچے محلوں سے اثر اٹھا ہے طوفان کبھی!؟

غزل

دشت و صحرا میں بارشیں کیا تھیں
دوستوں کی وہ کاوشیں کیا تھیں

ہر نمائش سے تیری بچ نکلا
زندگی تیری سازشیں کیا تھیں

اپنے مطلب کے پورا ہونے تک
وہ کرم وہ نوازشیں کیا تھیں

تیرے قابل بنا لیا خود کو
ہاں ! مگر آزمائشیں کیا تھیں

اب تلاطم کا جوش ٹھنڈا ہے
ساحلوں پر وہ شورشیں کیا تھیں

آگئی موت خود مسیحا کو
زخم تازہ تھے سوزشیں کیا تھیں

دل لگا ہی نہیں اثرؔ اپنا
رات دن کی نمائشیں کیا تھیں

غزل

اسی اک زعم میں جلیتا رہا سب میرے اپنے ہیں
اٹھا جب تیری محفل سے لگا کتنا اکیلا ہوں

درِ دل بند ہے مدّت سے کوئی آ کے وا کر دے
اسی امید پہ اے دوستو برسوں سے بیٹھا ہوں

شبِ معراج ہے اور نہ کوئی قدر والی شب
نہ جانے کس لیے اکثر میں یوں راتوں میں جاگا ہوں

تمہاری یاد رگ رگ میں لہو بن کر سمائی ہے
غموں کے اس سمندر سے نہ نکلا ہوں نہ ڈوبا ہوں

بڑھا ہے پیار تیرا اور نہ کچھ اس میں کمی آئی
کشش جو تجھ میں تھی پہلے وہی میں آج پایا ہوں

کسی کی دید کی خاطر تمہاری آنکھ جاگی ہے
تمہارے خواب کی زنجیر پہنے میں بھی سوتا ہوں

کوئی تو ہے میرے آگے لیے روشن چراغوں کو
اثرؔ پیچھے پڑا میں تو فقط اک ادنیٰ سا یا ہوں

غزل

کیا قیامت ڈھا رہی ہیں مجھ پہ تیری دوریاں
جانے کب ویران کر دیں اب میری تنہائیاں

کیا ہماری چھین لی ہیں شمس نے پرچھائیاں
یا ہماری کھو گئیں آنکھوں کی پھر سے بینائیاں

پھر ہمالہ جیسے ہو جائے بلند رتبہ مرا
دے رہی ہیں پھر گواہی یہ میری پسپائیاں

کیا بنائیں محفلوں کو، رنگ و روغن کیا کریں
تیرے نہ آنے سے گھر کی بڑھ گئیں ویرانیاں

توڑ کر زنجیر کو آتے نہیں ہو کیوں کبھی
کیا تمھیں پابند رکھتی ہیں سدا مجبوریاں

عیشِ دو روزہ پہ اتراؤں مرا شیوہ نہیں
کیا مرے سر پر یہ قائم ہی رہے گا سائباں

پھر تخیل نے نئی تخلیق ڈھونڈا ہے اثر
کر رہا کاغذ کے کانوں میں قلم سرگوشیاں

غزل

پڑ رہی ہیں آج کل یادوں کی پھر سے سردیاں
میں اکیلا ہوں پڑا کمرے میں پکی لکڑیاں

ٹھنڈی ٹھنڈی چل رہی ہیں اس طرح پروائیاں
زنگ آلودہ ذہن کی کھل رہی ہیں کھڑکیاں

اے خداوندا بچا رکھنا سیاست سے ہمیں
جس کی زد سے بیٹیاں محفوظ ہیں نہ بلیبیاں

کس طرح مفلس کی بیٹی آج جائے گی بیاہ
اتنی مہنگی ہو گئیں ہیں کانچ کی تک چوڑیاں

بے حیائی کی دکانیں سج رہی ہیں ہر طرف
بن سنور کر راستوں پر چل رہی ہیں لڑکیاں

خط ہی لکھتے ہیں نہ چاہت کے نہ ملتے ہیں کبھی
مفت میں ملنے لگی ہیں آج کل رسوائیاں

منہ لگو گے کس طرح ان کے اثر سوچو ذرا
اک قیامت برپا کر دیں گی سنو یہ لڑکیاں

اثر سعید
ایک مخلص شاعر و فنکار

از : گوہر ترّی کیروی
صدر شعبۂ اُردو و فارسی
ٹریننگ کالج وسنت محل میسور

سرزمین میسور ایک مردم خیز خطہ ہے۔ اپنی تاریخی وجاہت، ایک خاص تہذیب۔ ثقافت اور علوم و فنون کے اعتبار سے سارے عالم میں مشہور ہے۔ عہدِ ٹیپو سلطان ہی سے اہل علم و ادب کا گہوارہ تسلیم کیا جاتا ہے۔ اس خوبصورت شہر سے بڑے بڑے نامور عالم و فاضل، شاعر و ادیب، مورخ، مُصوِّر اور نامی گرامی صنعت کار ہر دور میں اپنے کمالات کے ساتھ اُبھرتے رہے ہیں اور اِن کے کارناموں کی ایک مستند تاریخ موجود ہے۔

اِس گئے گزرے دور میں بھی میسور کی ایک ادبی شان برقرار ہے۔ وقتاً فوقتاً شعر و ادب کی مجلسیں کسی نہ کسی ادبی ادارے کے تحت سجتی ہی رہتی ہیں۔ یہاں اہلِ ذوق کی کمی نہیں۔ بزم اقبالؒ، بزم اُردو، بزم جگر، انجمن حدیقۃ الادب، انجمن فردوسِ ادب، انجمن تحفظِ اُردو اور اِدارۂ ادبِ اسلامی، کے زیرِ اہتمام ادبی اجلاس و مشاعروں کی روایت آج بھی زندہ ہے۔

۱۹۷۰ء کے بعد میسور سے جو نئی نسل اُبھری ہے اُس میں

عزیزی اثر سعید کا نام بہت زیادہ اہمیت کا حامل ہے۔ کیونکہ اثر سعید نہ صرف ایک شاعر ہے بلکہ ایک اچھا افسانہ نگار بھی ہے۔ جس کی اَن گنت منظوم ونثری تخلیقات ریاستی اخبارات ورسائل میں اکثر چھپتی رہتی ہیں۔ یہ خوبی بہت ہی کم قلمکاروں کو نصیب ہوئی ہے کہ نظم ونثر دونوں میدانوں میں اپنی ادبی صلاحیتوں کا مظاہرہ یکساں طور پر کرسکیں۔

اثر سعید کو میں اُس وقت سے جانتا ہوں جب کہ میسور میں "بزم اقبال" کے ماہانہ مشاعرے بڑی آن بان کیساتھ منعقد ہوا کرتے تھے جن میں شہر کے نامور اہلِ قلم اور نئے لکھنے والے نہایت ذوق وشوق سے شرکت کیا کرتے تھے۔

دسمبر ۱۹۷۲ء کی ایک سُہانی شام تھی۔ بزم ادب ٹریننگ کالج کے زیراہتمام مسلم ہاسٹل میں نہایت تزک واحتشام کے ساتھ ایک غیرطرحی مشاعرہ منعقد کیا گیا تھا' مقامی وبیرونی شعراء کے علاوہ باذوق سامعین کا ایک عظیم اجتماع تھا۔ اس مشاعرہ کی نظامت کے فرائض جناب اقبال امر کے سُپرد تھے۔ دستور العمل کے مطابق قرأت ونعت کے بعد جب ناظم نے مشاعرہ کا باقاعدہ آغاز کرتے ہوئے ایک نوعمر مبتدی شاعر کو دعوتِ سخن دی تو معاً اسٹیج پر ایک گوراچٹا دُبلا پتلا نوجوان چہرے پر بشاشت وطمانیت کی ایک چمک لیے نمودار ہوا اور نہایت جرأت آمیز لہجہ میں اپنے شعر پڑھنے لگا۔ مجھے حیرت بھی ہوئی اور مسرت بھی کیونکہ اکثر میں نے دیکھا ہے مبتدی شعراء سامعین کے آگے کلام سناتے ہوئے لڑکھڑا جاتے ہیں' میں نے اقبال امر سے دریافت کیا تو پتہ چلا کہ اس نوجوان کا نام "سید عثمان ہے اور اثر سعید کے قلمی نام سے جانا پہچانا جاتا ہے۔ میں نے اُسی وقت یہ اندازہ لگا چکا تھا کہ

یہ نوجوان آگے چل کر ایک اچھا قلم کار ثابت ہوگا۔

میسور کے نوجوان شعراء میں اثر سعید ابتداء ہی سے سب کے دلوں پر چھایا رہا کسی شاعر یا افسانہ نگار کو مقبولیت کی سند اُسی وقت ملتی ہے جبکہ وہ ایک اچھا قلم کار ہونے کے ساتھ ساتھ خلیق اور ملنسار بھی ہو۔ ایسا قلم کار ہی اپنی کاوشوں کے حوالہ سے کمالِ سخن کی منزلیں طے کرتا ہے اور ناموافق حالات میں بھی اُس کی شخصیت نکھرتی اور سنورتی ہے۔

اثر سعید ایسا ہی ایک خوش بخت، ہنس مُکھ اور مخلص شاعر ہے۔ اِس کی سلیم الطبعی یار باشی اور وضع داری کا یہ عالم ہے کہ جو بھی ایک بار اس قلم کار سے مِلتا ہے اس کے اخلاق کا گرویدہ ہوجاتا ہے۔ کوڑیوں کے مول اخلاص بانٹتا ہے اور دلوں پر اپنے خلوص کے نقوش چھوڑ دیتا ہے یہی وجہ ہے کہ ہمیشہ اِسے دوست و احباب گھیرے رہتے ہیں، کبھی کبھی اس کی سادگی اور معصومیت سے خود غرض احباب نے نہ صرف اکتسابِ فیض کیا ہے بلکہ استحصال کیا ہے۔

جہاں تک میرا مشاہدہ ہے اثر سعید کو شفقتِ پدری سے محروم ہونے کے بعد زندگی کے لیے عنفوانِ شباب ہی سے نہایت جدوجہد کرنی پڑی ہے۔ اہلِ خاندان کی ذمہ داریوں کا بوجھ اُٹھاتے ہوئے زندگی کی پُرخار راہوں سے گذرنا آج کے اس نازک دور میں بڑا مشکل مسئلہ ہے لیکن میں نے دیکھا ہے اثر سعید زندگی کے کسی بھی دشوار مرحلہ پر تھکنے والا مسافر نہیں۔ ہر مشکل و ہر مصیبت کو ہنستے کھیلتے جھیل جانے کا حوصلہ رکھتا ہے۔ خوشبوؤں کا تاجر ہے یعنی اگربتی کی تجارت اس کا ذریعۂ معاش ہے۔ یہ کبھی اپنی تجارت کو فن کی راہ میں حائل ہونے نہیں دیتا۔ جو بھی فرصت

کے لمحات میسر آتے ہیں اُن میں فکرِ سخن کے لیے وقت نکال لیتا ہے۔

اس حقیقت سے انکار نہیں کیا جاسکتا کہ شاعر کے فن پر اس کے گرد و پیش اور داخلی ماحول کا اثر پڑتا ہے۔ اس لحاظ سے اثر کی شاعری اُس کی زندگی کی ترجمان ہے۔ اُس کے افسانوں اور کہانیوں میں بھی نہ صرف سماج کی گونج سنائی دیتی ہے بلکہ اُس کے دل کی آواز بھی محسوس کی جاسکتی ہے۔ جہاں اُس نے روایتی شاعری کا دامن تھاما ہے وہیں ادب کی بدلتی ہوئی قدروں اور نت نئے تجربات کا بھی احساس رکھتا ہے، اس جذبہ کے تحت اُس نے کئی ایک آزاد نظمیں بھی کہی ہیں۔

اثر سعید کا یہ وصف بھی کچھ کم اہمیت کا حامل نہیں ہے کہ وہ نہ صرف شعر گوئی ہی کو اپنا وسیلۂ اظہار قرار دیتا ہے بلکہ نثر نگاری میں بھی اپنے جذبات و احساسات کی عکاسی پر قدرت رکھتا ہے۔ یہی وجہ ہے کہ ریاست کے معتبر افسانہ نگاروں کی فہرست میں اثر سعید کا نام داخل ہو چکا ہے۔ اثر کی اکثر کہانیاں سماج میں پھیلی ہوئی اخلاقی پستی۔ ناانصافی اور خود غرضی کی آئینہ دار ہیں۔ اس کے افسانوں کا ایک مجموعہ " مسافت ہجراں" بہت پہلے منظر عام پر آچکا ہے۔ یہی نہیں کرناٹک اُردو اکیڈمی کے زیر اہتمام ریاست کے مختلف افسانہ نگاروں کے منتخب افسانوں کا جو مجموعہ شائع ہوا ہے اُس میں اثر سعید کے افسانہ کو بھی اشاعت کا اعزاز نصیب ہوا ہے۔

فن کار کو اگر اپنے فن سے عشق نہ ہو تو اُس کا فن بے جان ہوتا ہے۔ اثر سعید کو اپنے فن سے والہانہ عشق ہے وہ اسی عشق کے سہارے آگے بڑھ رہا ہے۔ اثر نے غزل بھی کہی ہے اور آزاد و پابند نظمیں بھی، افسانے بھی لکھے ہیں اور مختلف موضوعات پر مضامین بھی۔ لکھتے رہنے کا عمل بُرا نہیں

ہے مگر کثرت نویسی سے کلام کا بیشتر حصہ اسقام کے دائرہ میں آجاتا ہے۔ اغلاط و اسقام جب نادانستہ طور پر کلام کا جُز بن جاتے ہیں تو فن کا وقار مجروح ہو جاتا ہے، ترمیم و اصلاح سے ایک حد تک معائب پر پردہ ڈالا جا سکتا ہے لیکن اس عمل سے شاعر کے اصل خیالات پھیکے پڑ جاتے ہیں۔ اثؔر کا کلام بھی اس تاثر سے مستثنیٰ نہیں ہے۔ مگر یہ حقیقت ہے کہ اثؔر کا کلام اُن جدید شعراء کے مقابلے میں بہت زیادہ قابلِ لحاظ ہے جو عروض و قواعد کی پابندیوں سے آزاد ہو کر عوام کی نظر میں یاوہ گوئی سے زیادہ اہمیت نہیں رکھتا ــــ معنویت کی بے سمتی صحت مند شاعری سے اُنہیں ہمیشہ دور رکھتی ہے۔

میں نے محسوس کیا ہے کہ اثؔر سعید کا میلانِ طبع تصوف کی طرف بہت زیادہ ہے۔ اکثر اس کے کلام میں بھی یہ عناصر واضح ہیں۔ اکثر اپنی ملاقاتوں کے دوران قرآن و احادیث کے حوالوں سے یہ موضوع چھڑ جاتا ہے۔ اور ہمہ وقت تصوف کے رموز کو ظاہر کرنا اور تصوف کی مجالس میں حصہ لینا اثؔر کا مشغلہ بن چکا ہے۔ میں نے کئی بار ٹوکا بھی کہ اِس وادیِ پُرخار سے بہت کم لوگ کامیاب گزرے ہیں۔ مگر اثؔر کی طبیعت پر میری باتوں کا اثر کم ہی ہوا ہے۔ بہر حال ہر شاعر اپنے طبعی میلانات کا مبلغ ہوتا ہے خیالات کے فطری اظہار پر کوئی قید نہیں لگا سکتا۔ سچ تو یہ ہے کہ اثؔر نے اپنی لگاتار محنت و مشقت سے اپنا ایک مقام بنا چکا ہے۔ اُردو اکیڈمی نے اثؔر کے تازہ مجموعۂ کلام "اوراقِ زریں" کو مالی اعانت سے نوازا ہے۔ اللہ کرے کہ یہ کلام اہلِ بصارت و بصیرت کے لیے سرمۂ نظر کا درجہ حاصل کرے اور اثؔر کی شاعری اُفقِ شعر و ادب پر ہمیشہ جگمگاتی رہے۔ بطور مُشتے از خروارے

درجِ ذیل اشعار اثرؔ سعید کی فنکارانہ صلاحیتوں کے آئینہ دار ہیں۔

ملاحظہ ہوں :۔

؎ ہم خونِ جگر دے کے ادا کرتے رہیں گے
وہ قرض زمانے کے جو واجب بھی نہیں تھے

؎ تھا کون سخن فہم وہاں دیتا ہے ہمیں داد ❖ مومنؔ نہ تھے سوداؔ نہ تھے غالبؔ بھی نہیں تھے

؎ قائد بنائیں کس کو کسے رہنما کہیں ❖ جب ہوئی ہے سب کی قیادت لہو لہو

؎ کسی کی پردہ داری آہ بھی کرنے نہیں دیتی ❖ ہمارے داغ پنہاں کو ابھر جانا نہیں آتا

؎ آتش عشق اثرؔ دل میں بھڑک اٹھی ہے ❖ جسم سے جان نکل جاتی ہے اکثر یارو

؎ تھی ایک امانت قدرت کی اپنے سے ملائک بھی گھبرائے
(اداز) تھا اک انساں فقط یہ بوجھ اٹھا کر لایا ہے

؎ وخواب خواب سا منظر اثرؔ ہوا غائب ❖ کہ روح تک ہوئی پرواز میری شب کے ساتھ

منتخب کلام

؎ کیوں نہ ہو فکر میں اثر باقی ❖ مدتوں خونِ دل جلایا ہے

؎ عرفانِ حقیقت کا ذرا پردہ اُٹھا دے ❖ کیا عشق سے رشتہ ہے مرا یہ تو بتا دے

؎ مجھے پابند کر کے رکھ دیا جبرِ مشیّت نے ❖ بھلا اس زندگی کو کیسے کہہ دوں زندگی اپنی

؎ ترا خیال مجھے اب کہیں بھی لے جائے ❖ نہ راہ سے ہے سروکار اور نہ منزل سے

؎ میں رنگ و بُو کی اُٹھاؤں چمن میں کیا لذّت ❖ بکھری پڑی ہے میری زندگی مسائل سے

؎ سو کھنے بھی نہیں پائے تھے مرے زخم ابھی ❖ پھر تمنّا کے قدم دشت میں بہکے یارو